# Carnets d'Opéras

## Palais Garnier
## et autres temples

Jean Clausel

# Carnets d'Opéras

## Palais Garnier
## et autres temples

*roman*

Michel de Maule

Du même auteur

CHOSES, poèmes, avec une dédicace de Jean Cocteau
et un envoi d'André Breton (1971, édition épuisée)
SAVANNAH, poèmes (éd. Saint Germain des Prés, 1974)
INDES (Payot, 1994)
VENISE CHRONIQU*e* (Payot, 2001)
VENISE EXQUISE (Payot, 2002)
CHERCHE MÈRE DÉSESPÉRÉMENT (Le Rocher, 2007)
LE MARCEL DE PROUST (Portaparole, 2009)
CARTES POSTALES DE MES CUISINE*s* (Éd. des Cendres, 2011)

Couverture :
Papier spécialement créé pour l'auteur
par Alberto Valese à Venise.

Conception : LES3TSTUDIO.


micheldemaule.com

L'Éditeur : Pourquoi *Roman* ?
L'Auteur : C'est l'histoire d'une passion

Moi
dans le

Comme je le conte dans un chapitre de *Cherche mère désespérément*, le Palais Garnier, autour de ma trentaine, devint ma seconde demeure. Me considérant privé de famille, mes cantatrices favorites jouèrent pour moi les bonnes mères, berçant mes rêveries sur leurs formes généreuses. Certaines – Christa Ludwig, Mirella Freni – s'établirent même dans l'immeuble que j'habitais, dans la proximité de notre palais.

Trouver ma place dans ce temple nécessita plusieurs expériences d'abonnements : employé impécunieux, je commençais par une *Troisième loge côté*. Puis, je parvins à obtenir une des deux *Premières loges face entre colonnes* : douze places, les quatre du premier rang au tarif *Premières loges face*, les quatre seconds rangs en *Premières loges côté*, les quatre *Fonds de loge* au prix soldé. Le total divisé par douze rendait l'abonnement avantageux, à condition que les places fussent régulièrement échangées entre membres de l'association. De celle-ci, il en alla comme de beaucoup d'autres : quelques-uns, en début de saison, remettaient toujours le reversement de leur quote-part dont j'avais fait l'avance ; puis, en cours de saison, l'un ou l'autre envoyait au spectacle une grand-mère charmante ou une tante à héritage débarquée d'Aurillac ou Givet auxquelles nous devions offrir le premier rang. Ainsi, moi, commanditaire de l'opération, me retrouvais-je toujours en fond de loge ! L'expérience de vivre oblige à constater que toute action dictée par un désir impératif ne peut être entreprise que dans la solitude. J'avais donc fini par me fixer dans l'une ou l'autre des *Baignoires d'avant-scène*. Comme j'assistais au moins deux fois à chaque spectacle, ma vision de biais devenait globale et mon appréciation démultipliée. Je dois ici rendre hommage aux deux fées principales du Guichet, Madame Carrey et Madame Vié, lesquelles, insensibles aux arguments de toute « justice sociale » ou autres fariboles – seulement propres à favoriser les situations personnelles de ceux qui en proclament l'impérative nécessité – réservaient ces places à mon usage exclusif. Je prenais les places Quatre et Cinq, cette dernière correspondant à l'extrémité d'un divan de velours sur lequel je m'allongeais lorsqu'une scène me semblait d'un intérêt moindre ou mal interprétée. Il faut encore signaler que ces baignoires sont précédées d'une sorte d'entrée avec vestiaire, miroir et rideau de velours et qu'une paroi de la baignoire est un grand miroir dans un cadre doré où se reflètent la salle et son public – ce qui permet d'apercevoir discrètement quelques têtes connues, plus ou moins chéries. La baignoire « *côté Jardin* » voisine la discrète porte menant au Foyer de la danse et aux coulisses, c'est-à-dire au Saint des Saints.

Ainsi, bien à l'abri dans cet antre à la fois bureau, chambre, salon que la vie m'avait permis de choisir avec tant de soins, je pris plaisir à crayonner les programmes de mes visions et des mots entendus ici et là dans les déambulations d'entractes ou les coursives et loges d'artistes du grand vaisseau.

L'accès aux coulisses, facilité par le cerbère qui en gardait l'entrée durant les entractes et à la fin des spectacles, m'en rendit familier comme si quelque mystérieux emploi en nécessitait l'usage. Il s'agissait peut-être bien de cela : que sait-on de l'avenir de nos papiers et paperolles ?

J'attachais une importance démesurée aux miens. Afin d'en assurer la valeur de façon irréfutable, je les donnais à dédicacer aux artistes. Douces manies, en effet ! Mais dont l'obstination efface le ridicule, et qui me valurent un monde d'observations quasiment scientifiques, de découvertes ou plutôt, de dénouements puisque, sous l'effet de la passion, chacune de nos curiosités devient roman.

Plus que le théâtre, l'opéra exacerbe l'esprit, encourage le délire. La fébrilité des soirs de premières sous l'ère Liebermann constitua en soi un événement, cette excitation révéla des amitiés, voire des amours. Escaliers, galeries et foyers permettaient que s'y nouent des liens multiples et variés, parfois surprenants, comme le compartiment d'un train qui traverserait les Merveilles du Monde.

Cela dura des années, jusqu'à ce que les *aficionados* de cette arène splendide durent surmonter l'annonce de sa fermeture pour se contenter de plaisirs bien moindres.

Il fallut encore que j'organisasse ma vie professionnelle afin qu'elle me rapprochât de la Maison de mes rêves – si l'on y réfléchit, il est peu de rêves qui ne se réalisent ? J'avais alors choisi de sacrifier un peu d'argent – beaucoup, tant mon salaire resta modeste – et abandonnai les fameuses primes du ministère des Finances auquel j'appartenais, ainsi que toute perspective de carrière, comme je le vérifiai par la suite, afin d'incorporer celui de « la Culture ».

C'est ainsi que, depuis le galetas de l'un de ces anciens palais – depuis lors vendus aux potentats du Golfe – où s'activaient les services de l'administration, je pus suivre l'élaboration des contingences et servitudes que l'on imposait à mon cher Opéra. Sait-on d'ailleurs que les places réservées aux représentants de l'administration sont dénommées « de servitude » ?

Vu de ce bout de lorgnette si réducteur, nous vivions donc la flambée de l'ère Liebermann. J'avais pour la première fois entendu parler de Rolf Liebermann à la terrasse du *Café des Deux Garçons* à Aix-en-Provence, l'été 1971, alors que deux conseillers du ministre Duhamel s'apprêtaient à rejoindre leur héros pour l'inviter officiellement à Paris. Les tractations entreprises à cette fin furent abondamment commentées par les gazettes. Chacun de nos compatriotes – tous contribuables que nous sommes ! – bien placé ou pas pour juger l'affaire, y alla de son Cocorico. On disait que le prince de Hambourg exigeait un appartement dans la coupole de Garnier, qu'il voulait être exempté d'impôts sur son faramineux salaire, etc. Il s'agissait bien d'un mariage princier mais personne ne pouvait déterminer qui, dans le couple Rolf-Opéra, était le promis, qui l'épousée.

On a beau dire que le prestige n'a pas de prix, on devait faire en sorte, cette année-là, que Garnier ne coûtât pas davantage que la réfection des couvercles de nos chars d'assaut. (Information vérifiée par un parent magistrat de la Cour des Comptes)

Toutes ces histoires mises bout à bout tressèrent la couronne de gloire et de potins qui eût manqué au Maître et l'imposèrent au grand public, en même temps et sur un semblable registre, que les caprices de ses divas.

Dès lors, les parties se jouèrent entre le ministère du Budget – lequel devait flatter le goût pour la musique et les flonflons d'un Président de la République qui se produisait jouant de l'accordéon à la télévision – ce qui facilita quelques décisions ? – et le tempétueux Capitaine. Les instances culturelles servaient négligemment de boîte à lettres entre les deux. Il ne pouvait d'ailleurs en être autrement.

Les hauts fonctionnaires qui se flattent d'avoir « fait le choix » de l'Administration plutôt que de s'être « vendus au Privé » – lequel se passe le plus souvent fort bien de ces talents – espèrent récupérer leur manque à gagner par les « épices » que peuvent procurer leurs emplois. C'est ainsi que le bon directeur de la Musique du Ministère s'enquit très vite auprès du prince Rolf d'obtenir des billets de faveur pour Bayreuth. Celui-ci n'eut pas la présence d'esprit de citer Liszt répondant au directeur de l'Académie Sainte Cécile de Rome qui quémandait la même faveur : « On ne peut que mendier la faveur de participer de ses deniers à une telle entreprise ! »

Au moment où j'écris ces lignes, si longtemps après les dernières *Noces de Figaro* qui marquèrent la fin de l'ère Liebermann, et oubliées leurs navrantes représentations à la Bastille, je me demande si, dans ces époques glorieuses, l'engouement pour l'art lyrique n'a pas constitué le point de maturité d'une mode qui aurait enfin touché la France par la voie des discographies et des battages publicitaires ?

Je doute encore de l'enracinement de ce goût dans le large public que prétend toucher l'opéra. Les décisions prises m'ont souvent semblé hasardeuses, contradictoires, les résultats peu probants. Je ne crois pas à une « culture-consommation », je n'ai jamais eu envie de me payer pour deux cents euros de Pavarotti. En toutes choses, cette idée me dégoûte. Le public dit « populaire » n'est en droit d'attendre que le meilleur – en même temps que l'accessible, et il s'agit là vraiment d'une réalité et non pas de la justification de ces emplois dits culturels qui ne servent que de faire-valoir à quelques favoris.

L'entreprise culturelle, dont le but essentiel est d'éveiller la curiosité, nécessite de l'argent sans doute, mais surtout une plus forte dose d'imagination et d'amour, puisqu'il s'agit d'ouvrir le cœur et l'esprit des hommes.

Lorsque je déjeunais Boulevard Magenta avec Gabriel Dussurget, et qu'il me montrait les maquettes de Balthus, Derain, ou Lila de Nobili commandées pour ses productions d'Aix-en-Provence, ce festival qui incrusta à jamais la passion musicale dans mon être, j'observai la mise en œuvre d'une manière de bricolage de génie, où l'instinct, l'éducation, l'amitié, la générosité jouèrent un rôle bien plus grand que les cachets des artistes et « frais de mission » des administrateurs. Cet exemple de goût, de culture et de liberté, si éloigné des procédés en usage, les instances d'aujourd'hui en sourient avec condescendance puisqu'il leur est impraticable.

Le critère n'est plus artistique mais statistique et quantitatif. Le ronronnement des syndicats, l'activité des impresarii, les relations de presse des directeurs et le nombre de comités d'entreprise abonnés donnent la mesure du succès. Cette observation désabusée, qui recouvre aussi l'usure, hélas appréciable ! des plaisirs qui furent les plus vifs, rejoint la constatation du nombre toujours plus élevé de « consommateurs » qui se pressent dans nos temples autrefois trop élitistes sans doute, mais où se glisser aiguisait déjà la jouissance physique et spirituelle de se sentir dans le meilleur des mondes.

Mais revenons à ces carnets que je ne lâchais jamais : cette habitude m'attira nombre de relations nouvelles, ainsi, des dames, aux entractes, approchaient pour me saluer sans que je sache d'où elles me venaient, elles priaient un bonhomme d'approcher : « C'est le Monsieur dont je t'ai parlé, à côté de qui j'étais assise aux Champs-Élysées mardi. Monsieur, pouvez-vous montrer votre carnet à mon mari qui est collectionneur de dessins… » Ma gloire n'allait guère plus loin. Ce fut Rolf Liebermann qui s'intéressa le plus à mes crayonnages qu'il observait avec bienveillance : « Ce qui prête vos amis à sourire deviendra dans cinquante ans un document exceptionnel ! » Il m'encouragea à songer à une publication et m'offrit une préface pour le livre futur. Je puis dire qu'il fit preuve de prémonition puisque c'est bien quelque cinquante ans plus tard qu'un éditeur mélomane entreprit la publication partielle de ces souvenirs.

En hommage à Liebermann, voici l'introduction qu'il m'offrit en 1995 :

*La première fois que je me suis penché à l'un des balcons du Palais Garnier, un jeune homme qui passait à vélo m'envoya des baisers.*

*Je le retrouvais souvent lors des répétitions générales – où Madame Delplace, la bien nommée, sachant la fidèle pratique, ne manquait pas de l'inviter – puis au cours des entractes ou dans d'autres décors… Il était toujours son petit carnet de croquis à la main et je me doutais que cette douce manie ne constituait pas un aimable ridicule mais l'édification obstinée d'une espèce de monument qui devra un jour figurer dans les collections de la Bibliothèque-Musée de l'Opéra de Paris.*

*Mes années passées dans ce vaisseau de haute mer où l'art le plus absolu, les moments les plus sublimes, ne sont jamais garantis de sauvegarde me font juger avec une profonde reconnaissance cette entreprise salvatrice.*

*Les mélomanes retrouveront les poussées d'enthousiasme qu'ils vécurent, et qui sont le sel de notre vie. Les autres sont sympathiquement invités à partager une passion, ce qui constitue le programme de tout roman ?*

*À travers ces pages, en effet, palpite un vrai feuilleton animé d'infatigables héros et héroïnes dont les ultimes soupirs sont les plus applaudis, interprétés par des doubles tout aussi fabuleux.*

*Notre mémorialiste ne sait vers qui abonde sa passion de Marguerite de Faust ou de Mirella Freni, de Carmen ou de Térésa Berganza, de Cavaradossi ou de Placido Domingo. Et nous voici, lecteurs-spectateurs, entraînés dans cette ivresse, partageant l'illusion des drames, enchantés de la vaillance des uns, maudissant les fatigues de quelques autres, pour finalement applaudir à faire tomber le lustre de Garnier.*

*Ces carnets d'Opéra constituent l'expression d'un amour profond dont l'auteur nous offre le partage, à mon tour je le salue et l'en remercie.*

Les calissons du
Roy René sont
tout ce que j'aime.
Merci mille fois
Rolf Liebermann

## Avertissement au lecteur

Le parti pris général de présentation est le suivant : pour chacune des représentations, sont indiqués dans l'ordre : date, lieu, titre de l'œuvre, compositeur et librettiste, lieu et date de la création, distribution : direction, mise en scène, décors, costumes, interprètes des principaux rôles.

Lorsque la distribution est indiquée dans le corps du texte, elle ne figure pas entre parenthèses.

Les archives de l'auteur ou ses recherches ne lui ont pas toujours permis d'apporter au lecteur toutes les précisions souhaitées, il le regrette.

L'auteur et l'éditeur demandent encore au lecteur leur indulgence pour l'orthographe des noms propres des nombreux artistes cosmopolites mentionnés dans ces Carnets – qui représentent une sélection parmi les documents conservés par l'auteur.

*Les dernières saisons*
*de l'ère Lieberman*

7 avril 1973
Palais Garnier
*Les Noces de Figaro*
Mozart/Da Ponte. Vienne, 1786.
(Solti ; Strehler, Frigério ; Tom Krause ; Gundula Janowitz ; Federica Von Stade ; José Van Dam ; Mirella Freni ; Jane Berbié ; Kurt Moll ; Michel Sénéchal)

Les *Noces* d'intronisation de Rolf Liebermann eurent lieu, comme il se devait pour un prince, au théâtre de Gabriel à Versailles. La soirée fut une apothéose de l'art et de la mondanité – quoique Lemoine, le conservateur, guère princier, eût profité de l'occasion pour inviter trop de ses bonnes amies – qui furent aussi les miennes, bonnes femmes charmantes mais pas le top de l'élégance.

Enfin, le 7 avril 1973, eut lieu la réouverture du Palais Garnier.

L'Opéra, ce soir-là, fut ressuscité. On avait ajouté des lumières, dressé d'immenses bouquets dans le majestueux escalier borné de Gardes Républicains en tenue de parade, attiré la foule empanachée des grands jours de notre République encore alors très proche d'une monarchie, d'une société de castes, en tout cas.

Pourtant, rien ne m'irrite plus que l'idée d'une culture de représentation ! L'une de mes « patronnes » au ministère ressemblait tant à Voltaire à Ferney que, sous l'effet de quelques aigreurs dues aux misérables primes qu'elle m'attribuait, je me préoccupai un jour de sa retraite. Elle s'en offusqua : « Vous

n'y pensez pas, Jean : je me suis payée un vison blanc, je compte bien l'amortir aux Premières de l'Opéra ! »

Hors ces ridicules, je me félicite qu'il existe un noyau capable d'entraîner le plus grand nombre dans ces apprentissages et, pour ma part, je me suis appliqué, dans chacun de mes postes administratifs, à me faire accompagner ici par ceux qui n'y seraient jamais venus. Mais alors, je devais en effet calmer tout d'abord des préoccupations de garde-robe. Proust note que la plupart des événements de l'existence peuvent se résoudre dans ces soucis. Autant que les comtesses, les secrétaires se montraient toujours soucieuses de la tenue qu'elles allaient endosser, de leur coiffure… Et moi-même, j'eusse jugé inadmissible d'entrer en *jeans* dans le temple. Quoiqu'en pensent tous ceux qui ont parfaitement assimilé « l'esprit soixante-huit », le respect des apparences correspond bien plus à un désir de mise en harmonie qu'à un étalage de vanités. C'est une politesse que de se vêtir correctement dans des lieux où on exige du personnel de strictes tenues. Les soirs de gala, j'observe le terrible mépris de ces « gandins en fripes », défilant au milieu de dames qui ont fait de grands efforts de « toilettes », sous le regard blessé des placeuses et contrôleurs de salle.

Mais revenons à ces *Noces* qui constituèrent une soirée bouleversante : chacun put éprouver le sentiment de sortir de l'opéra meilleur qu'il n'y était entré. Le but de la « culture », ce n'est que cela.

Oh ! Bien sûr, il y a toujours les blasés. On murmura que c'était trop beau – Et Frigerio sut répondre que cela ne pouvait être laid puisqu'inspiré du XVIIIe siècle – que c'était trop sombre et d'un parti pris « social » trop insistant – comme si l'on ignorait que *Les Noces* furent créées en 1786, et que l'on voulût se dissimuler la fragilité de notre bonne conscience de classe.

Et encore que Solti dirigeait trop sec – ma foi… Janowitz ceci, Krause cela… La vérité c'est que chaque protagoniste de la soirée, y compris le nouvel administrateur général, se trouvait alors à l'apogée de son métier et de son art.

Ainsi furent créés dans les années qui suivirent, *la Bohème*, *les Contes d'Hoffmann*, *les Vêpres siciliennes*, *Orphée et Eurydice*, *Manon*, *Le Trouvère*, *Don Juan*, *Moïse et Aaron*, *Elektra*, *La Force du Destin*, *Faust*, *Cosi Fan Tutte*, *Ariane et Barbe Bleue*, *Samson et Dalila*, *Le Chevalier à la Rose*, *L'Enlèvement au Sérail*, *Otello*, *Pelléas et Mélisande*, *La Flûte Enchantée*, *Platée*, *L'Or du Rhin*, *La Walkyrie*, *La Cenerentola*, *le Couronnement de Poppée*, *Werther*, etc. Sans oublier les sublimes spectacles importés – *Carmen* – ou créés – *Lulu* – ou commandés – *Saint François*.

Même si le rythme des créations ne fut pas constant, s'il se produisit un inévitable essoufflement, si certains spectacles purent être jugés de moindre qualité, nous vécûmes sous Liebermann un apogée de la vie lyrique parisienne.

3/11/78
Palais Garnier
*L'enlèvement au Sérail*
Mozart/Stephani. Vienne 1782.
(Mackerras ; Rennert, Daydé, Varona ;
Paul-Emile Deiber ; Christiane Eda-Pierre ;
Danièle Perriers ; Ryland Davies ;
Heinz Kruse ; Peter Meven)

Ténor léger mais Christiane Eda-Pierre toujours superbe, sensible, tendue, émouvante – vraie.

Beauté de ce 2e acte : si ce n'est Constance Weber qui l'a inspiré, ce chant s'adresse à une femme aimée. – à moins que l'agile gosier de la Cavalieri y ait été pour quelque chose…

La Comtesse, Anna, Fiordiligi, Pamina sont déjà dans Konstanze. En 1781, Mozart, enfin, connaît la liberté, il habite à l'Œil de Dieu, chez les Weber – trois filles jolies ! à Wien…

17/11/78
Garnier
Récital Christa Ludwig
*Le Voyage d'hiver*
Schubert/Müller. 1827

Christa, depuis son mariage avec P.-E Deiber, est ma voisine, ainsi bavardons-nous aimablement, évoquant bien sûr le cher passé, Vienne où je la connus, toujours veillée par sa mère qui trônait dans sa loge comme une déesse tutélaire. L'évocation de ces souvenirs constituait pour elle la meilleure recommandation. Quoique n'étant pas encore tout à fait un vieux monsieur, je suis bien la seule personne de ce quartier à pouvoir lui parler de sa mère ? Ah, oui, le cher passé. Hélas ! Car ma voisine et amie ne rayonne plus guère… Quelle différence avec les récitals d'il y a cinq ans. Elle ne se tire pas si « mal » du *Voyage* mais je préfère de très loin un homme pour ce morceau écrit pour un homme. La solitude d'un homme n'est pas celle d'une femme ? Le récitatif des *larmes glacées* devient plus difficile…

18/11/78
Salle Favart
Ensemble InterContemporain

« Du » Claude Prey, Alexandre Goehrs. Spectacle difficile, ennuyeux ; donc, pas « spectacle ». Il faudrait trouver à nommer ces essais sans fruits ? La malheureuse comtesse qui m'accompagne croit que je l'ai piégée ! Je la libère dès l'entracte et dois encore pousser sa voiture en panne : triste soirée.

À une grosse mémère qui sortait en même temps tout aussi dépitée, je demandai par diversion : « Vous allez préparer votre pot-au-feu ? »

Pas fâchée de se distraire enfin dans l'humaine et fraternelle trivialité, elle répondit : « Oui, justement, je fais du pot-au-feu tous les dimanches, mon mari aime ça ! »

27/11/78
Garnier
Récital Federica von Stade,
pianiste : Martin Katz
(Mahler ; Meyerbeer ; Yves ; Debussy)

Sera-ce vraiment la « Nouvelle Mezzo » ? Pâle, très peu de saveur. Elle se trompe soit de public, soit de répertoire, soit sur elle-même en donnant en bis l'air de *La Périchole*. Ce qui s'appelle au théâtre « montrer son cul », et qui sied mal à cette première communiante. Toutes ces Dames et Demoiselles ne devraient pas tant songer à s'imiter l'une l'autre. Oui, oui, Berganza chante *La Périchole*, et déclare, roulant ses beaux yeux de velours, qu'elle adore le rôle…

J'allais voir celle-ci dans sa loge – histoire de faire un peu connaissance après les séances des *Noces* historiques ci-dessus évoquées :

« Il manquait quelqu'un ce soir. Tout le monde attendait quelqu'un qui n'est pas venu.

– Qui donc ? » Son ravissant sourire est exactement assorti à son peignoir d'éponge bleu ciel.

« Chérubin ! »

Alors elle jure qu'elle n'a pu chanter Mozart ou Rossini car elle se trouve indisposée. (Elle rosit légèrement…) Elle promet de revenir bientôt avec ce répertoire, elle rit, elle est charmante, vive. À la prochaine fois !

*Le chant du compagnon errant – Le corsaire – Auréole – Pierrot Lunaire*

2/12/78
Théâtre des Champs Élysées
« Noureev »

Nounou est beau, il vient de maigrir mais…

Les coadjuteurs sont dangereux ! Le magnifique Charles Jude se meut dans l'huile. Dans *Auréole* – sur une musique de Haendel – les danseuses aux épaules fixes ressemblent à des grenouilles s'apprêtant à la vivisection.

C'est vrai qu'on aime Noureev comme un ours en peluche bondissant, même un peu usé par nos affections. Je le plains un peu – je plains toujours les danseurs ? Pourtant dans *Le Corsaire*, on espère qu'il dansera encore longtemps, on pense à Lifar.

Je vais le voir, il a encore maigri ! Tout petit museau, arête de nez si fine, comme un cartilage, peau de parchemin aux rides fines et nettes, comme le trait de mon crayon burinant le papier. Pauvre *Pierrot Lunaire* ! Je me souviens d'un soir où j'étais convié chez Maxim's après le spectacle. En bas, Dussurget papotait avec moi lorsqu'arriva le danseur. On lui tendit un plateau avec un verre d'eau qu'il avala d'un trait : c'était de la vodka ! Je me souviens d'autres moments, ailleurs, d'une grande et tendre curiosité, pareils au troisième acte des *Noces*… Trop se souvenir use le cœur. Pourtant, puisque Noureev s'est envolé à jamais, près de vingt ans après avoir pris ces notes sur le vif, je dois témoigner de bribes de ma vie. Je le revois lors d'un été pluvieux où l'on avait monté un festival de danse dans la Cour Carrée du Louvre. Les étoiles, danseurs et danseuses, s'abritaient sous des bâches durant les averses et lui continuait ses exercices à la barre, dégoulinant de pluie.

Les habitués de Garnier l'étaient aussi du voisin palais Berlitz où je passais souvent les après-midi dominicales pluvieuses. *Le Continental* était un endroit « vaporeux »...où la Cour et la Ville se croisaient dans le brouillard.

J'y rencontrais souvent Michel Guy, un homme très appréciable. Je le sais car il fut l'amant de quelques-uns de mes amis. Je dérobai mon regard sur beaucoup d'autres personnalités à la vie conjugale exemplaire, sans m'étonner ou m'en choquer tant je suis lecteur familier des Anciens.

Avec Noureev, ce fut comme je viens de le murmurer. C'est certain qu'il prêtait à rêver. Mario Bois, époux de convention d'une des Étoiles du Ballet, Claire Motte ou Claude Bessy? qui gérait les droits du danseur, le reçut à Séville. Dans un livre de souvenirs, il le décrit sortant de la piscine. Chacun voit ses fantasmes: pour l'un ce sera la sainte Vierge, pour l'autre un phallus gigantesque. Je l'ai dit: Noureev prêtait à rêver.

J'engage mes amis à se rendre au cimetière russe de Sainte Geneviève des Bois où repose l'Ange volant sous un étincelant tapis oriental de mosaïques dessiné, je crois, par Frigerio, la plus belle tombe que je connaisse!

Impossible de se trouver dans ce grand machin : les architectes d'aujourd'hui sont tout à fait indifférents à l'amitié !

Ainsi, pour Rozie Cartier, je rate le premier mouvement du *Concerto numéro 1 pour piano*, de

8/12/78
Palais Congrès
Ozawa
*LE MANDARIN MERVEILLEUX*
BÉLA BART (O) K, COLOGNE 1926

Tchaïkowski, seul bon moment du programme, le reste n'étant que remplissage – opinion très personnelle due à un mouvement d'humeur ?

Le mandarin est vraiment merveilleux ! Le public préfère évidemment le concerto, certainement parce que l'on y sent très bien la concordance qui existe entre Ozawa et Tchaïkowski. Magnifique *Pathétique* d'il y a quelques années, à Saint-Denis, où tout le monde pleurait y compris le Chef dont je voyais les larmes sous sa frange noire…

Entracte avec Nora Auric, elle m'apprend, sans me surprendre, que son mari écrit ses mémoires. Le *Cahier Jean Cocteau n° 7* est consacré à Cocteau et les musiciens. Dans son interview par André Fraigneau, Georges Auric note que du temps du Groupe des Six les musiciens faisaient de la musique au lieu de passer leur temps à mendigoter des commandes dans les ministères. De cela, je suis au courant mais tout est bien facile à dire ! Auric qui paraît, grâce à ses bonnes joues, si bonasse sur les photos du Groupe des Six, aujourd'hui montre l'air revêche de l'*Ultra* – faisant face au *Libéral* dans les caricatures Louis-Philippe. Les Avant-gardistes ne devraient jamais vieillir.

Encore des petites filles qui, à la sortie, viennent me saluer, décidément, je suis un vieux monsieur !

18/12/78
Garnier
*Samson et Dalila*
Saint-Saëns/Lemoine
Weimar 1877
(Dervaux, Faggioni, Dupont ; Francine Arrauzau ; Jon Vickers ; Ernest Blanc ; Malcolm Smith)

Si je prends mon travail à cœur – *Bureau de l'art lyrique, direction de la Musique*, – je dois m'inquiéter du montant de la recette de cette salle vide. Les « Parisiens » boudent les reprises, la distribution ne promet aucune surprise, décors et mise en scène bateaux…

Mais on peut jouer à chercher l'ironie dans l'opéra : si l'on écoute *Samson* d'une oreille humoristique, on rigole bien. Si l'on est fils d'Israël, on peut aussi devenir sioniste.

Bah ! Dans ces œuvres, l'esprit se traîne – comme les compagnes de Dalila dans leurs voiles mauves du 1er acte qui font « Miaou-Miaou » en levant les bras… Pour le reste, Sanson récite tout ce qu'une famille bien-pensante aime à entendre de fadaises. J'en reviens toujours à Mozart…

*Véronique*
André Messager, Paris 1898
(Dervaux ; Cochet ;
Chorégraphie : Michel Rayne ;
Décors : Françoise de Lamothe ;
Costumes : Rosine Delamare ;
François Le Roux ; Danièle Chlostawa)

Peut-être la bonne recette d'un « Opéra-Comique » ? Une musique, il est vrai « ravissante ».

Mais que de vulgarités : trop de monde sur cette petite scène, trop de couleurs, de maquillages… Quoiqu'un joli rideau de scène assorti au plafond de Benjamin Constant. Et encore, dans tout ceci : que de noms perdus dans l'oubli, mis à part Messager dont la biographie à faire pleurer les chaumières mérite mieux. Il est vrai que Callas chanta *Louise* et que les chaumières n'existent plus.

Jeu très « boulevard » des acteurs qui veulent sans doute s'assortir ainsi à cette mythologie du populo : sujet sentimental, titres nobiliaires, conventions et jusqu'à l'odeur du saucisson répandu par l'accent d'Odette Laure dès qu'elle ouvre le bec.

Charmant Florestan, Hélène déjà mémère… ils nous adressent tant de clins d'œil qu'on en oublie la jolie musique.

Il fallait érotiser – ou bien dixhuitiémiser, ce qui est la même chose – la scène de l'escarpolette. Que pensent de tout cela nos féministes ? La Grisette doit les révolter ! Séraphin rigolo, niais à souhait… « Adieu, je pars… » L'air de la lettre : Florestan émouvant, juste. Comme une réponse à l'air de Charlotte dans *Werther*… Mais qu'en adviendra-t-il de ces épanchements dans une époque sans correspondances amoureuses? *La voix humaine* constituera un « document », le dernier exemple. Vite, vite, que l'on nous serve le Roman du Minitel. Les danseurs l'air aussi con que des poissons dans un aquarium – mais si indiscrets! – tournent autour des héros pendant leur duo pour nous aider à oublier dans tout ce fatras un nœud de vérité: ne pas jouer avec l'amour.

29/12/78
Théâtre des Champs-Élysées
HOMMAGE À CHARLES MUNCH
Rostropovitch

Loge d'honneur; au premier rang, Galina Vineschskaïa et sa fille, une importante dadame de la télé, Landowski et sa mémère qui retire ses souliers lorsque la musique démarre. Discrètement, je pousse du pied sous le fauteuil pour les écarter vers le fauteuil voisin, et voici la dame affolée quand la salle s'éclaire, à l'entracte. Wozlinski m'entretient de sa collection de dessins XIXe, je souris à quelques visages, à la fin j'irai voir Rostro qui m'embrassera.

*Le Carnaval romain* est si éclatant que Berlioz en devint un peu russe; Ravel: jazz, enroulements superbes des mouvements, comme des supercheries tant c'est bien fait, dureté et charme…

Dutilleux: violoncelles et contrebasses sont rangés au premier plan mais ne parviennent pas, selon moi, à remplir les espaces interplanétaires que le morceau prétend décrire. En tout cas, je n'ai pas vu les étoiles. Avec émotion je me souviens de celles d'Aix lors de la création du concerto *Pour un monde lointain*, je revois Rostro alors, son violoncelle entre les jambes, la lèvre pendante, transpirant, soufflant, comme un vieux buffle qui prendrait et donnerait son plaisir à une gazelle…

Brahms : un chef n'a guère de pouvoir sur Brahms. De la main gauche il apaise les cordes, si ardentes, de la droite il éveille les bois ; là-bas la magnifique allée de contrebasse s'applique à son travail d'automne. Rostro est à cheval sur la musique, parfois à dos de mulet : jambes écartées, mobile, aux aguets. Le 3e mouvement pourrait être qualifié de « français » tant l'équilibre le caractérise – avec bien sûr quelques promenades romantiques (flûtes, hautbois), des jaillissements de cordes, assez spécial, critiquable peut-être, mais par-dessus tout vivant et vibrant.

31/12/78
Garnier
*LE LAC DES CYGNES*
Tchaïkowski, Moscou 1877
(Noureev, Makarova…)

Sans décors pour cause de grèves et avec des places vides car l'opéra remboursait ceux qui venaient pour les décors – assez nombreux, semble-t-il.

Le cher Hugues Gall joue le martyr navré auprès des malheureux condamnés à Paris un soir de Saint Sylvestre ! Lesquels font partie d'un monde inconnu de lui – un monde qui sort à quelques rares dates fixes. Généralement celles, en effet, où je reste chez moi. Quelques égarés des beaux quartiers sont là pour exhiber des cousins de province ou des clients étrangers. Le réveillon est inclus dans la soirée mais ceux-ci jouent les blasés : ils devraient se trouver à Wien pour souper avec des princesses rothschildiennes après une *Fledermaus* « Sublime » Je reproche à Gall d'avoir proposé de rembourser le prix des billets plutôt que de pratiquer un demi-tarif ! Mais voici un petit bonheur d'entracte : la rencontre des Goin, propriétaires du bistrot au coin de ma rue Saint-Hyacinthe ; ils sont restés, eux ! De braves gens.

Macarova divinissime. Ces pays ne connaissent pas encore les réveillons. Lui, mon Dieu… Mais les comparses affreux de négligence, ne pensant qu'à leur réveillon compromis pour des cons de bourgeois ignares, maudissant le public – évidemment, tous syndiqués !

20/1/79
Garnier
*L'enlèvement au Sérail*
(Idem que le 3/11/sauf Valérie Masterson dans Konstanze.)

Toujours pas de décors : on s'en passe ! Et même, on peut rêver devant ces murs et portants blafards…

La petite Valérie Masterson moins agile que Christiane Edda-Pierre, plus « verte » : Aigus métalliques, vocalises gommées… Ténor beau et bête, comme si souvent les ténors… Perriers et Pedrillo fidèles à eux-mêmes, gentils. Les artistes, parfois, n'ont qu'à répéter sur scène les rôles que la vie leur assigne. Cela s'appelle donc « jouer son destin » ?

Le quatuor si beau de la fin du second acte paraît encore bien plus émouvant sans décors, rideau baissé et mise en scène inexistante.

27/1/79
Champs Élysées
Boulez
Jessy Normann

Schubert : Boulez jongle à la surface des choses, comme s'il pensait : « cela m'amuse assez, en voici, en voilà Messieurs-Dames… » Une espèce de « Je-m'en-foutisme »… « On ne peut pas demander à un pommier de faire des prunes » a dit Flaubert.

Berg : Voix-ludion, qui du haut en bas de la portée sait dire l'émotion. Sens du langage universel de la musique. Quel art ! – car chez Jessy, où est l'inné ?

Debussy : Tressaillement des cors anglais, multiples éveils des flûtes qui entraînent la mer des violons et des violoncelles… Je me passerai de l'espagnolade si facile pour ces grands courants qui déferlent après… Appel des cors, réponse du Premier violon suivi par l'ensemble des cordes avec l'écho grave des harpes…

3/2/79
Garnier
*Le Couronnement de Poppée*
Monteverdi, Venise 1642
(Rennert, Ita Maximowna, Varona; Rudel; Neth Jones; Jocelyne Taillon Jon Vickers; Christa Ludwig; John Macurdy; Michel Sénéchal…)

Ludwig : art du chant consommé, geste, émotion ! Voix très vacillante de Jones ; Macurdy vocalement très en deçà de Ghiaurov dont le Sénèque manque beaucoup à cette représentation… Et ce Vikers donc ! Il fait pourtant bêler les foules. Marche sur ses (hauts) talons comme sur des œufs, masque de vieille poissonnière et voix tout aussi vieille. Parfois, dans un registre très conventionnel, il est bien et joue juste… Je souris pensant que la première critique qui me le fit connaître – émanant encore de quelque folle du syndicat de la critique musicale – soulignait sa splendide « ligne de jambes » et flattait ses mollets galbés !

Mais pourquoi ridiculiser cette sublime musique par une mise en scène souvent grotesque comme dans la scène du jardin : Une conne devant moi murmure à sa copine « Sans décors ça perd tout son charme ! » La vérité au contraire est que cela en gagne beaucoup.

Mort de Sénèque : gravité, tendresse de la musique. Crescendo des Chœurs – *Non morir…* – appuyé par les contrebasses, violons lancinants, ponctuation du clavecin, comme un instrument de torture pour nous conduire vers l'émotion suprême.

Mais après ce sommet, il faut encore que l'on abonde dans le sens du public des samedis soirs : la bacchanale est tellement triviale que la beauté échappe. Applaudissements immenses. Les ploucs… Après le bel air si grave – parce que si humain – de la nourrice, magnifique duo Néron-Poppée qui s'efface dans l'obscurité alors que s'éloigne le couple…

L'*Addio Roma* d'Ottavia entourée de ses servantes drapées de noir, allant de l'une à l'autre, pendant que chantent les harpes et le clavecin, fait l'exacte symétrie avec la mort de Sénèque entouré de ses disciples, ravivant le désespoir propre à cette œuvre où les meilleurs meurent avant les autres.

9/2/79
Palais des Congrès, le « palais Maillot » !
Orchestre de Paris
Solti
Brahms, 3e ; Bartock

Nos mentalités : ce que prétend madame Yordanoff, épouse du Premier violon, est peut-être vrai : On se refuse en France à ce que Brahms soit allemand. On arrondit, on éponge pour que cette musique corresponde à notre idée du Romantisme. Tout de même, il me semble que Solti, lui, décortique.

La moitié de la salle préfère aller dîner qu'écouter Bartock.

19/02/79
Athénée
Jessye Norman
Haydn

Mozart s'en est souvenu dans le *Dove Sono*.

Cette femme est belle comme un dessin.

Shumann : Perfection, je n'ai jamais entendu rien de mieux.

Ravel :... Dans ces chants hébraïques ses yeux fixent la salle : « Comprennent-ils ce que je veux leur dire ? » disent ses yeux.

Ici les références manquent, sens d'une prière très forte.

*Lulu*
Opéra en trois actes d'Alban Berg d'après les drames « *L'esprit de la terre* » et « *La boîte de Pandore* » de Frank Wedekind ; orchestration du 3e acte complétée par Friedrich Cehra.
Zurich 1937
(Boulez ; Chéreau ; Peduzzi ; Schmidt ; Térésa Stratas ; Yvonne Minton ; Hanna Scharz ; Franz Mazura ; Kenneth Riegel ; Nienstedt ; Helmut Pampuch ; Jules Bastin ; Fernand Dumont...)

Monumentalité des décors 1930. On se trouve tellement sous le choc qu'on se raccroche à cette minable constatation puis, toujours parce que l'on est perdu ! on cherche des comparaisons : peut-être avec le *Rozenkavalier* ? Semblable rythme burlesque-tragique, similitude des personnages – la Comtesse/la Maréchale...

Que d'images signifiantes ! Le cirque : clown aux ailes de papillon suspendu sur la scène où s'avancent le dompteur et le nain ; l'atelier : Lulu pépiant... Décors de vie : là, s'élaborent toutes nos représentations. Terribles rôles d'acteurs : on n'assisterait à de semblables prouesses sur aucune scène de théâtre. Arrivée de la Comtesse appuyée sur des cannes, elle s'assoit sur les marches du grand escalier et ne peut se relever, encore plus tragique que Clytemnestre, ayant perdu toute raison de vivre…

La musique délivre le sens, l'orchestre distille jusqu'à la moindre signification.

Le final le plus fort jamais vu au théâtre : on peut rapprocher ce coup de couteau dans le ventre de la tragédie méditerranéenne de Carmen. Il fallait bien que l'opéra germanique connaisse aussi un meurtre passionnel.

Stratas remplacée. S'agissait-il d'un meurtre réel ? De pareilles prouesses s'approchent tellement des tragédies. Ce troisième acte est si inquiétant : le petit fond musical, comme suspendu en l'air, indique une menace insidieuse et la grosse caisse, sur scène, dramatise lourdement l'atmosphère, on redoute le pire en effet. À l'inverse de *Wozzeck* où tout se passe « à l'extérieur », ici, on étouffe ! Ils meurent asphyxiés… 27 février

Stratas, avec difficulté, reprend le rôle. Colorature : référence à la Reine de la nuit… Sexualisation de Lulu 2 mars

– mais comment une œuvre aussi forte, un drame humain aussi fort pourrait-il édulcorer le sexe ?

Je retrouve et distille les influences – références, clins d'œil ? – Strauss (*Rosenkavalier*, *Salomé*), Wagner (jusqu'au leitmotiv de *Tristan*), Stravinski, Bartock… Mais encore, nombre de références littéraires : ce sentiment narratif de Berg que l'on pourrait rapprocher de Proust…

Remarques décousues qu'il faudrait piocher. C'est le propre des chefs-d'œuvre : susciter, alimenter nos questions, nos éclairages mentaux…

15 mars Quand je pense que les amis qui m'accompagnent, à l'entracte, s'inquiètent d'un taxi !

Ah ! Cette *Lulu* !

La Comtesse est le seul personnage sympathique, la seule à aimer notre Lulu et le rideau tombe pour cacher l'image la plus horrible, la plus forte : les deux femmes mortes, enlacées…

24 mars Dernière de *Lulu*

Comment finirais-je si j'assistais quatre fois par semaine à pareilles représentations ? À vie, cela est sans doute possible seulement pour les Mozart car ses chefs-d'œuvre ne sont faits que de pâte et de fibre humaines auprès desquelles notre propre substance se réconforte, se rassérène, s'attendrit et se renforce à la fois.

3 avril 79
Garnier
Kiri Te Kanawa
(Schubert, Schumann, Strauss, Wolff, Fauré, Duparc, Wallon…)

Elle est parfaite mais encore et toujours trop jeune et belle et puissante et victorieuse pour ce répertoire. Que fera-t-elle donc dans trente ans ? Elle n'a pas « le goût », comme dirait Gabriel Dussurget. Sa jeunesse éclate, son bonheur même est évident.

Cette aisance sans limite, aujourd'hui, paraît mal employée. Mais, bah ! Le mélo maniaque est ainsi fait qu'il n'est jamais satisfait, ses nostalgies l'étouffent. Ce soir il se demande si pareille belle plante ne pourra jamais devenir une Schwarzkopf, si elle se fanera enfin dans des parfums décadents et fragiles… Pourtant, le raffinement n'est pas fait que de faiblesses bien administrées ?

19/3/79
Pleyel
Caballé – Carreras – Eduardo Muller

Chef, physique à la Péron : grand bellâtre, air benêt, et dirigeant sans esprit. Enfin, très assorti à ce que le public de ce soir attend… « Elle », rayonnante dans une robe évidemment « espagnole » ; et « lui » donc, l'Espagne d'aujourd'hui : le commerce et l'industrie, la « Démocratie ». Nous allons voir ! Après quelques roucoulades la

voilà lancée dans *Louise*. Vraiment bien : un flot de sirop amoureux. On ne lui demanderait pas tant de legatos mais elle rattrape ainsi son souffle dans une sorte de sanglot-hoquet assez drôle et qui peut « émouvoir ». Quand on parle de cette femme il faudrait tout placer entre guillemets ? Elle possède dans la vie et sur scène un réel sens de l'humour. Lui ne sait pas ce que c'est. Pathos de ce qu'il chante. Leurs duos sont des combats de coqs, faits pour le populo, comme un match de foot au Brésil. Très bien ainsi, on applaudit à tout rompre dès après les aigus triomphants de la star, fantastique !

27/3/79
Hôtel de Ville
Teresa Berganza
Scarlatti, Moussorgski, Fauré, Toldra

Gala pour les sclérosés en plaque organisé par la mairesse de Paris.

Scarlatti : petites roucoulades pour éclaircir la voix. Moussorgski : une enfant qui joue, pleure et rit… Qui joue toujours. Elle nous parle autant avec le cœur qu'avec l'esprit. Fauré : la mélodie de l'Absent, images vraies d'une maison vide, d'un jardin sans fleurs, du chien, images pour que nous pleurions sur ce que nous avons perdu à jamais. Dans les chants d'amour, toute son âme, sa chaleur, la couleur d'un chant « espagnol ». Fauré est le sommet de ce récital, avec Térésa, les fausses perles sont vraies ! Toldra : elle se charme et nous charme…

Grand raout de monde et de compliments. Pias-pias d'entracte : Martine complimente Madame Chirac qui, la veille, s'est fait élire Conseillère Générale du coin où elle est châtelaine, en Corrèze :

« Ah ! Oui ! Tu peux le dire ! Cela me change comme atmosphère ! Hier j'étais encore au milieu des paysans. Tu sais que, là-bas, ils ont encore de la paille dans leurs sabots ! » J'ai sur la langue de lui demander pourquoi donc a-t-elle choisi cette circonscription mais je n'ose froisser Martine, amie d'enfance de la Dame. Compliments à Odile de B. au sujet de son horrible robe verbe ramagée d'où sortent ses bras en nouilles blanches… Discussions oiseuses sur le cachet, certains soutenant qu'il s'agit d'une bonne œuvre de Térésa, d'autres avançant la somme de 35 000 F + le défraiement + le pianiste. Indignation de Christiane Eda-Pierre : le public est sans enthousiasme alors qu'elle juge Térésa sublime : « Que veux-tu, ces gens qui n'applaudissent pas, ils ne peuvent pas : ce sont des sclérosés en plaque ! » conclut-elle.

28/03/79
Pleyel
Moussorgski
Galina Vineskaïa, Rostropovitch, Vasso, Devetzi, J.-P. Wallez

Galina est une Russe devenant Parisienne : quelques ridicules y compris vocaux – Aigus ! ? ! ? ! ? ! ?... – mais une idée emporte tout : ils s'aiment, il l'aime tellement, cette belle femme russe, malgré ses diamants récents qui scintillent à ses doigts. Et ils aiment leur musique. Térésa, avant-hier, jouait à la ga-

mine espagnole, agitait ses grelots, roulait ses grands yeux noirs étonnés, avec des sourires sur tout le corps. Notre Galina pleurniche, tend les mains, se tord les mains… Wallez tire un peu trop sur la corde sensible. Enfin, essaie de tirer de drap à lui dans une interprétation « brillante », peut-être seulement « brillantine » ? Devetzi, au contraire, en deçà : dureté, belle application. Rostro exactement parfait, soumis à la musique – alors que si souvent, avec son génie chaleureux, il s'emporte, ce soir le voici soumis et appliqué à sa Galina… Le piano fut couvert de fleurs, et de vivats mérités.

5/04/79
Champs Élysées
Claudio Abbado
Mahler, *2e symphonie – Résurrection*
Valentini, Hendrix

Magnifique ! Quelle intelligence, quel brio dans les enchaînements et une sorte d'attendrissement toujours proche : au 2e mouvement, cette reprise des cordes qui deviennent mandolines, avec les hautbois en écho, comme une campagne qui nous serait donnée, soudain. Un paysage amoureux autant que significatif, Watteau. Puis les archers se mettent à ramer, la harpe égrène les dernières notes de la phrase, comme des points de suspension et, tout de suite, la grosse caisse met en place un vertige de gavotte – si l'on veut ! Les cordes ponctuent une hésitation – faut-il aller plus avant quand l'orage – ou le malheur – approche ?

Gravité d'un essaim de frelons que dissipent les mille abeilles-violons, entraînant le mouvement vers le soleil. Mais l'ordre austère des contrebasses appelle l'orage, ou l'événement, car aussitôt surgit une fanfare enrubannée qui aboutit à une noble marche – hautbois, cors anglais, etc. – jusqu'à l'apparition d'une princesse aquatique – harpe – qui, vite, veut connaître du monde – rondeau… Images, images… Valentini-Terrani chante sa partie avec une émotion, un intérêt magnifiques. Les cordes l'accompagnent de leur murmure. Abbado dirige avec les gestes d'un crawl, il emporte tous ses musiciens dans son élan, ils sont devenus beaux ! Un contrebassiste rit de bonheur… C'est un oiseau qui appelle la soprano…

6 avril 79
Garnier
*Cosi Fan Tutte*
Mozart/Da Ponte. Vienne 1790
(Mackerras ; Ponnelle ; Térésa Zylis-Gara ; Jane Berbié ; Tom Krause ; Horst Laubenthal ; Danièle Perriers ; Roger Soyer)

Si l'on jouait « à l'Île déserte », *Cosi* l'emporterait sûrement ; c'est-à-dire que chacun voudrait avoir *Cosi* avec soi pour seule musique ; Quel chef-d'œuvre, quel entrain et, en même temps, quelle cruauté ! Dans ces jeux si exactement symétriques, les miroirs humains se brisent. Adieu belles illusions de l'amour, contes de fées et jolies chansons… Après *Cosi*, il est bien difficile d'« y croire » encore. Quoique goûtant l'insinuant charme, mon sens critique s'éveille : ce début traîne beaucoup. Mackerras vieillit-il ? Ou bien, comme à toutes les reprises, l'enthousiasme faiblit-il ? Pour tant de plaisirs, nous ne retrouvons plus que les squelettes de ce dont nous nous souvenons. Roger Soyez joue un peu trop « sobre », extérieur, pas assez roublard – comme l'était l'irrésistible Bacquier. Zylis-Gara plus essoufflée que Kiri, Berbié égale à elle-même. Deux époques si différentes ?… Impossible de poursuivre dans cette idée tant je suis soudain frappé par la ressemblance entre Zylis-Gara et le masque de la Comédie sur la colonne d'avant-scène : même sourire rectangulaire ! Elle chante avec beaucoup d'émotion son air du 2e acte « *Della mia deboloezza. la mia costanza… che vergogna e orror mi fa…* » On pourrait écrire un livre sur ce seul air, livre qui ne dirait pas grand-chose quand la musique dit tout.

11/04/79
Garnier
*La Bohême*
Puccini/Giacosa et Illica
Turin 1896
Patané ; Menotti, Samaritani ; Giacomo Arragall ; Yves Bisson ; Philippe Devine ; Kiri Te Kanawa ; Thomas Allen ; Samuel Ramey, Wilhelmina

Fernandez ; Dumont Assister à « une histoire », c'est le plaisir que nous offre Puccini. Une histoire, un fait divers qu'on ne lirait même pas dans un journal, une bluette de kiosque… Un drame de la vie quotidienne. On sourit aux petites joies dont on est témoin, on pleure à la mort. Patané, bien onctueusement, dirige de façon à montrer tous les rouages de la musique, à étaler ces beaux airs sentimentaux. Il n'y a pas à regretter Pavarotti : ils possèdent tous autant le physique que la voix. Et, lorsque Kiri paraît, un ange passe. Ses

deux airs sublimes – larmes zozyeux, oh ! Oui. Après le duo, ils s'éloignent, et on savoure ce final, d'habitude escamoté. Nos macs du lyrique viennent de nous dégotter une jolie « négrillonne » qui fait une Musette charmante – bien meilleure et crédible que la brave Sarroca que j'apprécie beaucoup pour mille raisons extra-musicales. Bacquier m'a confié qu'elle est la meilleure… du monde lyrique. Liebermann ne s'y est pas trompé. Liaison quasi officielle mais sans espoir pour la chanteuse française : les pipelettes des entractes à l'Opéra l'assurent : « On ne divorce pas d'une héritière Nestlé ! » Les potins sont toujours faux. J'aperçois parfois le beau visage de sphinge aux cheveux très courts de Madame Lieberman et lui baise la main. J'embrasse Sarroca sur les deux joues.

Cet acte « gai » est vraiment le plus mauvais : ouais ! ouais ! Le soir de Noël, les enfants sont toujours un peu empruntés… Mais enfin, c'est réussi : plein de monde sur scène, beaucoup de couleurs…

Troisième acte : Kiri plus magnifique encore. Aïe ! Préparons nos mouchoirs. Ils jouent très discrètement, comme dans la vie, lorsqu'on ne joue pas…

12/4/79
Maison de la Radio
*Il Trittico*
Puccini/Forzano et Adami
New-York 1918
Dir : Gelmetti
Bacquier dans *Gianni Schicchi*,…

Il faut prendre tout cela « à la rigolade » ! *Il Tabarro*. Paysage de batellerie. Dieu merci, je suis allé hier à Beaubourg voir une exposition sur la batellerie des XVIII et XIX^es siècles qui m'a appris beaucoup de choses : un malfrat est un porteur de farine… un débardeur avec son débardeur rayé, etc. Le « progrès » aurait pu s'arrêter sous Napoléon III, les industries y étaient encore aimables… Donc, ici, tout est rendu de la péniche et des mariniers. Je regrette le français populaire, la langue italienne me paraît trop lyrique pour le monde des péniches.

*Suor Angelica*. Brochette de « *femine* » plus ou moins réussies, joli chœur.

Qui ? Hum ! Préraphaélite ?… Le couvent ruisselle de perles (du Japon) et d'or (de Tolède), de fleurs en chiffon où passent des visages aux lèvres purpurines à l'extrême, aux paupières bleues, mauves, vertes… Cette Fédora Barbieri, quel personnage de tireuse de cartes !

*Gianni Schicchi* : vaillance du jeune baryton, inestimable Bacquier !

14/04/79
Favart
*LE MARCHAND DE VENISE*
Reynaldo Hahn, d'après Shakespeare, adaptation de Miguel Zamacoïs.
Paris 1935
(Rosenthal ; Cheifetz ; Arnould ; Michèle Command ; Annick Dutertre ; Éliane Lublin ; Christian Poulizac ; Armand Arapian ; Marc Vento ; Léonard Pezzino ; Tibère Raffali)

Souvent, l'amitié est un exercice difficile qui consiste à effacer des contradictions ou à résoudre des susceptibilités. Claude C., neveu de Zamacoïs dont il ne doit guère toucher de droits d'auteur mais qu'il juge un génie, s'irrite que Darmon, président du Conseil d'Administration de l'Opéra, jouant au bon ours, flanqué d'une épouse au sourire de clef à molette, soit sorti dès l'entracte, jugeant l'œuvre « antisémite » ! ?…

Après cette anecdote, le livret, aux rimes faciles, paraît insupportable. Ah ! ce Français – Qui prétend qu'il s'agit d'une langue musicale ? Parfois, quelques réussites, mais pas ici. L'oncle de notre ami n'est pas Da Ponte : la vivacité, c'était deux siècles plus tôt. Jolie musique pourtant qui vaudrait qu'on l'écoutât – en buvant de l'orangeade ? S'impose la terrible différence entre les époques : il y eut l'esprit, puis l'orangeade, enfin, la bouillie et les os creux qu'on nous sert aujourd'hui. Il reste à s'appliquer à ronger ce qui émerge de ces fabrications prétentieuses. Ah ! Combien on peut souffrir d'un idéal esthétique si éloigné dans le temps, sans espoir que jamais il resurgisse, hélas !

Voix jeunes, de belles couleurs parmi ces jeunes chanteurs.

Toute l'œuvre semble « courte » y compris le lyrisme de Reynaldo – que la proustomanie ambiante voudrait que l'on « adore » : « *Que c'est donc fragile un rêve* », chante l'héroïne.

Deuxième acte : grâce à quelques espagnolades, on s'éveille un peu de l'engourdissement, la lumière illumine la scène, des images sont projetées sur un écran. Bah !

Où donc se trouve la recette d'un « Opéra populaire » ? À *La Zarzuela* de Madrid

*« Forêts, torrents, vers vous s'élance mon désir… », « Le vieil hiver a fait place au printemps… »*

7/05/79
Palais Maillot
Berlioz
Paris 1846
*DAMNATION DE FAUST*
Barenboim, Minton, Burrow, Bastin

Voilà : tout le paysage romantique est dressé ! Post-romantique, beaucoup moins nuancé que Schumann. Dans ce paysage surviennent les événements, et se noue le drame mythologique. La voix de velours de Burrow jaillit dès l'*andante moderato* du premier mouvement, l'immense écho du chœur – 250 participants – lui répond… « *Chants plus doux que l'aurore, retentissez encore* ! »

Hésitations entre le burlesque et le mystique : marque d'une époque où le « grand goût » n'existe pas. Aimable soulignage d'ironie de Bastin accompagné des vents. Idée anticléricale, elle aussi d'époque…

Le chœur des femmes se mêle aux cordes pour parler d'azur. Finalement, en vieillissant, j'apprécie ce sirop lyrique français qui coule dans une ligne mélodique soutenue, lentement, régulièrement : « l'équilibre » dont nous nous flattons, et qui est bien réel.

Sommeil de Faust – harpe et grosse caisse assourdie – puis son éveil sur l'idée de Marguerite.

Minton très en dehors du coup. Elle n'a pas saisi Marguerite, Jessye serait mieux.

Le « remake » des danses polovziennes m'ennuie assez jusqu'à ce que la musique décolle vers autre chose…

Minton prend un air boudeur pour observer le public auquel elle réserve des aigus durs – à la limite du juste – durant le duo. Burrow éponge toutes ces méchancetés dans son sirop, et l'orchestre enveloppe le tout de papier de soie. Enfin, moins d'extase dans cet acte que dans le 1er, mis à part le beau morceau « *D'amour l'ardente flamme* » mal chanté – si bémol faux mais médium superbe. Ah ! Cet air : on en voudrait à tous les desserts.

10/05/79
Garnier
Gundula Janowitz
Schubert

Cette rigoureuse dame choisit la rigueur, un Schubert où les effets n'existent pas. Elle s'y montre parfaite. Il est malgré tout permis d'en éprouver un vague ennui – sentiment hélas commun à tous les moments où l'on nous offre une chose à savourer par l'intérieur… Le public applaudit comme s'il s'agissait d'un travail qu'on lui demande et qu'il faudrait accomplir consciencieusement. Évidemment, il s'enflamme pour l'*Ave Maria* où elle se tient sur une ligne de chant très haute et très belle, une perfection. Enfin, quelques ravissantes roucoulades que semble gober le gentil pianiste américain benêt – qui ne l'est vraisemblablement pas mais qui porte peut-être des chaussures trop étroites : appliqué, appliqué !

14/05/79
Garnier
*L'Enfant et les Sortilèges*
Fantaisie lyrique en deux parties.
Poème de Colette,
musique de Maurice Ravel
Monte-Carlo 1925
Maria Fausta Gallamini ; Francine Arrauzau ; Jocelyne Taillon ; Jane Berbié ; Françoise Garner ; Christiane Eda-Pierre ; Anna Ringart ; Éliane Lublin ; Yvonne Bernard ; Danièle Perriers ; Annick Dutertre ; Roger Soyer ; Michel Sénéchal ; Yves Bisson.

On est obligé de fermer les yeux pour redevenir des enfants et écouter cette belle musique si bien comprise. Mais il ne faut rien manquer de tant de choses féeriques qui animent la scène : la théière, le fauteuil, les arbres de plumes dans un décor tout blanc… Lavelli a-t-il du génie ou applique-t-il ses mêmes recettes ? Ici très réussi. Et très bien chanté.

*Œdipus Rex* : là, c'est une autre histoire !

Insupportable récitant de Casarès : une commerçante en goguette à Deauville. Vulgarissime. Après cet enfant de craie, ici, tout est charbon. Extraordinaire Jocaste de Viorica Cortez, dans des coulées de voiles rouges et noirs, campée sur un plan incliné mobile, au milieu d'un chœur en chapeaux mous…

*Œdipus Rex*
Opéra-Oratorio en deux actes
d'après Sophocle par Igor Stravinsky
et Jean Cocteau, musique d'Igor Stravinsky
Paris 1927, Vienne 1928
(Ozawa ; Lavelli, Bignens Kenneth Riegel ;
Viorica Cortez ; Siegmund Nimsgern ;
John Macurdy ; Robert Dumé ;
Maria Casarès.)

Anecdote personnelle : je conduis ce soir mon ami Romain, six ans, qui vient pour la première fois à l'Opéra. Rien ne le surprend, ni les lustres, ni les statues, ni le monde. Il est chez lui tout autant que moi. Je veux expliquer *L'Enfant*, inutile : il comprend ! Me voici enfin rasséréné : l'approchant du bord de ma loge, il recule, il a peur du vide. Sa mère le raccompagnera à l'entracte.

15/6/79
Garnier
*L'Enfant et les Sortilèges – Œdipus Rex*

*Œdipe* en progrès – selon moi : mais on sent une musique de commande assez facile. Et ce latin fait un peu titre de noblesse acheté…

21/6/79
Champs Élysées
Karajan
Beethoven, *Triple Concerto* (A.S. Mutter, violoncelle a 16 ans ! – YoyoMa, violoncelle, Selztser, piano)
Strauss, *Ainsi parlait Zarathoustra*

Oh ! Oui : K. est un dieu ! Avec force, ses mains pétrissent la plus belle matière des « hommes musicaux » ; grâce extrême de ces mains-vibrations ; imperceptibles sourires d'encouragement qui frémissent sur la peau de son visage ; d'autres plis du front interrogent la note à venir, l'arcade sourcilière s'arque, la note éclôt, la paupière se détend pour dire la satisfaction et la reconnaissance. Crispation du maxillaire : appuyer, les cordes ! Le front commande les bois. Et les mains, inlassables éventails, font venir la lumière. Il a le courage des génies de croire à la jeunesse : la jeune fille de seize ans ressemble à une poupée alsacienne et deviendra la plus grande des artistes.

Le « Tout-Paris » piapiatte et roucoule. Belles femmes assez identiques…

25/6/79
Gaveau
Régine Crespin

Accompagnée par Christian Ivaldi dont j'observe la belle tête moghole en me souvenant combien Lily Pastré l'aimait gentiment. Ivaldi, Crespin, la comtesse Pastré : tout un univers aixois qui fut celui de la part la plus heureuse de ma jeunesse : la musique m'y fut donnée ! Lily Pastré, fondatrice et mécène du Festival, protectrice farouche de Clara Haskil durant les années noires, puis des meilleurs pianistes, faisait figure de reine des hippies : taille imposante et ballottante débordant de soieries à ramages, sautoirs et bracelets d'or et de pierreries multicolores vraies et fausses, châles de soie frangés, chevelure grisonnante frisottée répandue sur les épaules, maquillage à la diable dans la tradition des duchesses de Versailles. Elle arrivait à l'ultime minute aux concerts, où deux places lui étaient réservées au premier rang. Elle accrochait sa canne à pommeau d'argent à un dossier et déversait sur un siège les programmes, châles, éventails

et pochettes dont elle s'encombrait, puis s'affalait. Née Double de Saint Lambert, deux sièges étaient en effet nécessaires à sa masse fessue et bariolée. Je l'aimais beaucoup. Elle s'exprimait en bougonnant, disant exactement ce qui lui passait par la tête : au mariage de Gersende de Sabran, à Ansouis, un 4 août caniculaire, elle approcha en s'éventant et nous interpella : « Comment pouvez-vous supporter ces pantalons qui serrent vos fesses ? Moi, j'ai retiré ma culotte ! » Elle désigna le chiffon qui pendait à son bras.

La Comtesse admirait « Régime », sa payse marseillaise, tout de même plus mince qu'elle, ce soir « superbe » dans une robe noire peinte de branches de glaïeuls rouges et verts ! Et son grand visage si lisse fait de petites crispations nerveuses, très dame ayant souffert… Et la voix… Mon Dieu, la voix ne compte plus devant le succès…

3/7/79
*Les noces*
Direction : John Pritchard ; Gabriel Bacquier ; Kiri Te Kanawa ; Agnès Baltsa ; Tom Krause ; Lucia Popp ; Jane Berbié ; Paolo Montarsolo ; Michel Sénéchal ; Jean Louis Soumagnas ; Jacques Loreau ; Danièle Perriers ; au clavecin : John Pritchard.

Ah ! Ces reprises : que de souvenirs elles nous offrent ! Et parfois encore, la perfection s'y perfectionne. La plus sublime Comtesse d'aujourd'hui – pas d'hier, sans doute ni, espérons-le, de demain – Le meilleur Comte d'hier et d'aujourd'hui, l'excellent Chérubin d'Agnès Baltsa – puisqu'il faut bien finir par oublier Térésa et que von Stade n'est pas toujours à Paris. On se délecte à observer les légers changements : Kiri ajoute une nuance de révolte féminine à son rôle de femme soumise que n'osaient ni Price ni Edda-Pierre. Lucia Popp s'est considérablement élargie, voix moins éclatante, ses derniers feux fulgurants seront sans doute la Sophie du Chevalier lors de la création, à moins que cette limace sortie d'un papillon nous offre de nouveaux personnages, d'autres héroïnes, des joies, des plaisirs…

Krause, beau garçon au bon style mozartien ; direction « anglaise » : musicale et sûre, avec tout un côté « travail accompli »… Peut-on dire : moins de « grâce » ?…

4/7/79
*Nabucco*
Verdi/Solera
Milan 1842
(Santi ; Montrésor ! natif du Veneto, à une époque où le prénom Benito était en usage) ; Sherill Milnes ; Carlo Cossutta ; Ruggero Raymondi ; Grace Bumbry ; Vioriac Cortez ; Marc Vento ; Robert Dumé ; Jeanine Boulogne…)

Parti pris de monumentalité, de profusion. Comme autrefois, les *Don Carlo* et *Turandot* des productions Jacques Dupont-Margarita Waldmann. On veut faire plaisir au spectateur, au contribuable.

Oh ! Certes, très réussi dans le genre. Mais discutable dans l'interprétation : Bumbry débute mal, très mal. Enfin, la voix chauffée, quelques aigus tenus et triomphants effaceront cette mauvaise impression, pas tout à fait pourtant : bravi et huées se mêleront passionnément. Tout le monde mélomaniaque rigole de Viorica Cortez : cheval sur le retour, etc. On se moque car, à la ville, elle est Madame Bondeville – Non, il ne s'agit pas d'un musicien oublié du XIXe siècle mais du doyen de l'Institut, probablement nonagénaire. Ah ! Les séances sous la Coupole ! Je vous raconterai la prochaine fois.

Je trouve Cortez géniale, une actrice et une voix de cirque. Quelle musique : une pompe que les voix amorceraient, une cavalerie ; oui, il y faut des voix de cirque. Quelle différence avec Mozart, hier. Bon, il ne faut pas rechigner au plaisir : lyrisme exacerbé, passions déchaînées, brutalement dessinées pour qu'elles s'imposent par un effet de choc, et ce flot de musique si largement offert pour nous emporter dans un monde de héros auxquels nous ne ressemblerons jamais. Non, ce n'est pas Mozart mais, tout de même, il faut rêver… Santi dirige dans cet état d'esprit – plutôt, avec cet esprit-là – C'est « bien », et l'orchestre se complaît là-dedans. Sherryl Milnes domine chacune des scènes où il apparaît; Cossuta bon, mais guère éblouissant; Raimondi, si loin de Mozart sans que l'on sache s'il est meilleur ici que là…

12/7/79
Garnier
*LES NOCES*
(Idem que le 3)

Je fuis les pias-pias et les sourires; l'ouvreuse me place sur mon trône de la quatre. Il fait chaud, il fait velours rouge… Le rideau de fer monte et s'abaisse, il va y avoir « La Musique »; que l'on est bien, seul! On pense à ce que l'on veut… Prittchard dirige du clavecin…

« *Porgi amor…* » Kiri s'avance vers le miroir pour guetter la première ride, quelle Maréchale elle fera! Elle joue davantage, juste ce qu'il faut. La voici plus détendue que le soir de la générale et Chérubin a du mal à suivre…

« *E Suzanna non vien*! » Sublimissime! Aria lumineux, précis, tendu, vocalise accrochée telle une cascade: notes en gouttes de diamant. Applaudissements sans fin…

16/7/79
Garnier
*Les noces*

(*Idem*) Ce soir, la direction paraît différente : s'agirait-il d'une « humeur » ? Prittchard plus rapide, plus « appuyé », beaucoup mieux – je dirai « moins distingué »…

Ma tendre amie Ghislaine de Beauvoir secoue sans cesse son poignet où sont suspendues des breloques. Quand fera-t-on passer un examen pour permettre aux gens de venir écouter *Les Noces*… ou encore, d'entrer à Venise ?

Chérubin alourdi : beaux grave et médium mais manque d'agilité dans les aigus. Bacquier accompli mais voix vidée et la gueule bien fatiguée, pauvre vieux soldat de la Garde !

17/7/79
Garnier
*Nabucco*
(Idem que le 4)

« Ça » ne comptait pas, je suis retourné : public très particulier, pédalerie et populo : « Bonsoir Carmen, ça va comme tu veux ? Tu sais le titre de l'œuvre ? » Des gens qui ne possèdent pas de villégiature ?

Après *Les Noces* qui font déborder cœur et esprit, *Nabucco* est une purge. Je baille malgré la belle Cortez dont la référence permanente semble Delacroix, le Delacroix de *Sardanapale*. Milnes et Raimondi superbes aussi et nos choristes enfin jouent ET chantent.

23/7/79
Aix en Provence
Archevêché
*Les Noces*
M. en sc. : Lavelli
Dir : Neville Marriner

Un pigeon roucoule sur une gouttière pour que l'on se souvienne de la cigale dans le platane, autrefois, qui chantait dès que l'orchestre jouait. Décors 1900, ralenti des mouvements. Parti pris de haine chez Bartolo-Bastin, noir, noir, noir ! Suzanne et Figaro jeunes et beaux, leurs voix trop vertes, rugueuses ; Mozart exige une grande expérience. Chérubin-Ann Murray très vraisemblable aussi ; Comte gandin, style des cartes postales « *je vous aime* » ou « *souvenir de Vichy* ». Les ensembles souffrent beaucoup des voix mais les personnages tiennent debout.

Basile paraît si mauvais qu'on peut se demander s'il ne s'agit pas d'un défaut de mise en scène. La Comtesse se balance dans un rocking-chair Thonet au bord de la scène pour chanter le « *Porgy amor…* », voix métallique, mauvaise prononciation.

Les stores-rideaux se lèvent sur une jolie chambre aux meubles de bambou. Sans doute, grâce à ce décor, et malgré le ralenti exagéré, je retrouve mes émotions dans le trio Comte-Comtesse-Suzanne. Je me dis : « C'est très bien fait : on parle du *cappello*, on jette le chapeau, etc. » Puis, je remarque le défaut d'une lecture seulement littérale. Je ne suis pas certain que tant de haine se trouve dans Mozart et Da Ponte ? Il s'agit plutôt d'un sentiment tragique : on n'a pas d'illusion, mais on espère que l'illusion possède aussi sa part de réalité. Il s'agit de ne pas désespérer, et de rire. Ou, du moins, de sourire du quotidien afin de ne pas s'enliser dans la bagarre, de ne pas durcir les positions déjà tendues – Comte-Comtesse, Figaro-Jardinier, etc. Une leçon de quotidien, en somme.

Entracte après le 2e acte.

Dureté du Comte qui donne libre cours à sa méchanceté. Chérubin est devenu un groom, c'est choquant parce que gratuit. Et il y a bien d'autres erreurs : le Comte se précipite sur la Comtesse « *Moro, Moro…* » et non sur

Suzanne… Le dernier acte se situe sur un théâtre de marionnettes, en habits XVIIIe, faux – puisqu'ils sont laids. les personnages se déplacent comme des poupées mécaniques ce qui est encore plus faux.

24/7/79
*Werther*
Massenet/Blau-Milliet-Hartmann, d'après Goethe
Vienne et Genève 1892, Paris 1893
Dir. : Casadesus

Charlotte : Nadine Denize, W. : Dès la première mesure, nous nous trouvons plongés dans le drame. Casadesus dirige avec une gravité exagérée, comme si ce drame possédait un sens caché qu'il s'agirait enfin de révéler à l'humanité. N'exagérons pas ! Plasson, à Covent-Garden, il y a deux mois, était plus juste – mais je ne disposais pas de mon carnet ni de mon stylo électrique.

Ce jeune Américain possède presque tout… mais son timbre de voix à la Luis Mariano est assez difficile : trop de puissance, de vernis, de brillant. Sa prononciation est bien meilleure que celle de Nadine Denize dont les efforts se traduisent en rictus et en bouche rectangulaire très désagréables à voir – surtout dans les aigus. Enfin, cela s'arrange avec la nuit qui vient. Mise en scène inexistante : ils bougent. À la fois classique et « mode » : per-

sonnages doublés d'enfants... Enfantillages de metteur en scène qui copie et glane ici et là des images.

Certo, certo, elle projette sa voix de côté avec un cheveu sur la langue. Ils ont déjà l'air bien fatigués à la fin du premier acte.

Deuxième partie :

Non, décidément, ils jouent mal ! Interprétant *Werther* comme du Verdi, forçant l'effet, cela n'est pas l'Art. Sans doute encore, s'agit-il de combler les exigences du public qui, ainsi, s'ennuie moins ?

Laclotte affirmait tout à l'heure qu'il bâillait un peu moins qu'à l'habitude ! Nous n'en sommes plus aux délectations d'amateurs 1892.

Cette façon tragique se défend aussi : des masques mortuaires se profilent derrière des gazes noires. La morbidité du spectacle est accentuée par un découpage de noirs volumes où des fenêtres s'ouvrent sur le vide, un escalier droit, des panneaux noirs laqués – tiens ! Encore eux, ceux de *Porporino*, le 22, œuvrette pédalifère qui ne méritait pas trois lignes. Et encore, la lenteur des mouvements – décidément.

Le final est tout à fait réussi : les silhouettes noires se découpent sur une lumière grise, transportant les corps des amoureux pendant, qu'à droite de la scène, Charlotte contemple Werther en pleurant sur son double, enfant. Psy, psy, psy...

Bavardages avec Irène Aïtof, très critique sur tout depuis qu'elle n'est plus la claveciniste officielle de l'Opéra, « remplacée » par Janine Reiss.

*Lohengrin*
Wagner Weimar 1850
De Waart, Veker, Frieda Parmeggiani ;
Karan Amstrong, Ruth Hesse, Roar…

D'Aix je me suis rendu à Bayreuth.

Le train aux étapes romantiques : Baden-Baden, Wien… Le jeune couple blond entrevu dans le compartiment voisin entamait sans doute aussi leur pèlerinage : lui coiffé d'un béret très wagnérien, elle, le visage entouré de longues tresses serpentines…

La brave Bavaroise qui me loge ne sait que sourire et dire « Ya, ya… » C'est bien ainsi ! Un jardin bordé de rosiers sépare le modeste pavillon blanc, si coquettement agrémenté de potiches fleuries, de l'enceinte du temple où, le premier matin, j'observe un vieil homme à genoux, priant devant le buste de Wagner. « Y croire ! », et à quoi que ce soit, même si je m'en émeus et m'en émerveille, me semble toujours un ridicule.

« Tutututuuuuuut, Tututuuuuuut, tutut… » Les gorets déguisés en pingouins et les truies couvertes de rideaux montent au Walhalla.

Un monde, et ce n'est rien de le dire ! – sépare les Latins des Germains. Il suffit pour s'en convaincre de voir s'avancer ce peuple ainsi lourdement affublé vers les trompettes qui, du balcon du Gestspielhaus, l'appelle à sa pâture.

Les Germains tiennent leur héros : Peter Hofmann, jeune, beau, belle voix, blond ! Mise en scène très classique : des gradins de part et d'autre (chœurs), des mouvements symétriques et l'arrivée de Lohengrin dans un scintillement lumineux… Elsa bien fatiguée, la voix cassée… Les hommes magnifiques. Le chef accentue le caractère bâclé des fanfares, où les cuivres vacillent… un effet de l'art ? le combat est bien vu et bien chanté, la jeunesse

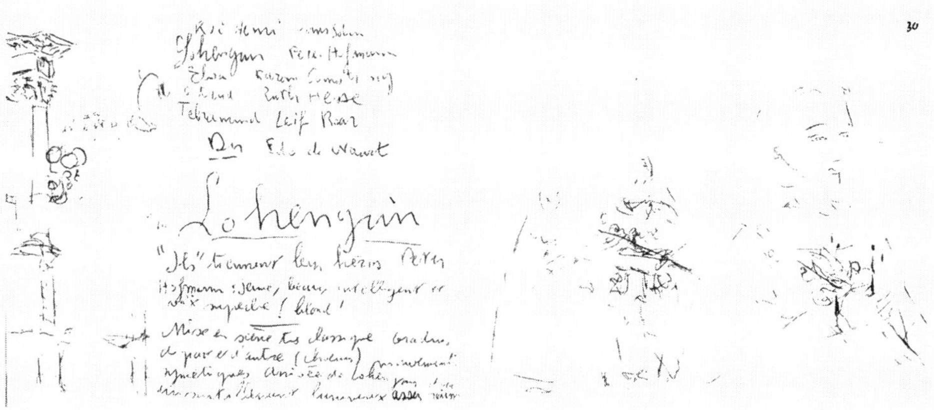


et la beauté du héros y sont pour beaucoup. Mais on retourne au deuxième acte un peu comme on va au travail : toutes ces femmes parlent trop ! Ortrud accomplit de belles prouesses vocales, mais on se dit : « Encore des histoires de femmes ! » Et voici que l'air d'Elsa ajoute à ce sentiment d'ennui. Il y a des moments qui semblent vides dans Wagner. Notre esprit, sous diverses influences annhilantes, n'est plus réceptif… Le duo est très beau, très « bellinien », la soldatesque se rapproche aussi du *Rataplan-plan* verdien : tout cela correspond au goût d'une époque où les uniformes jouissaient encore d'un grand prestige. Le décor s'anime avec l'arrivée des pages – le quatuor débute comme du Mozart –, des vierges, d'Elsa. Après le deuxième entracte, mes voisins se risquent à échanger quelques commentaires, on ne tient pas si longtemps dans l'extase de la foi ! La jeunesse de la musique apparaît au troisième acte, c'est la chambre nuptiale aux marches parsemées d'œillets rouges, avec, au centre, un tas de fourrure, ou de duvet de cygne ? Elsa et

Lohengrin, dans leurs tuniques blanches, se contemplent ; physiquement, ils ne sont guère assortis mais elle chante puissamment et cela permet de digérer l'interminable duo. Le parti pris de décors blancs et noirs ajoute encore au côté *lac des cygnes* ; on s'en console car Peter Hofmann est encore plus beau en noir qu'en blanc… Le petit chevalier vêtu en boîte de conserve du final est tout à fait ridicule.

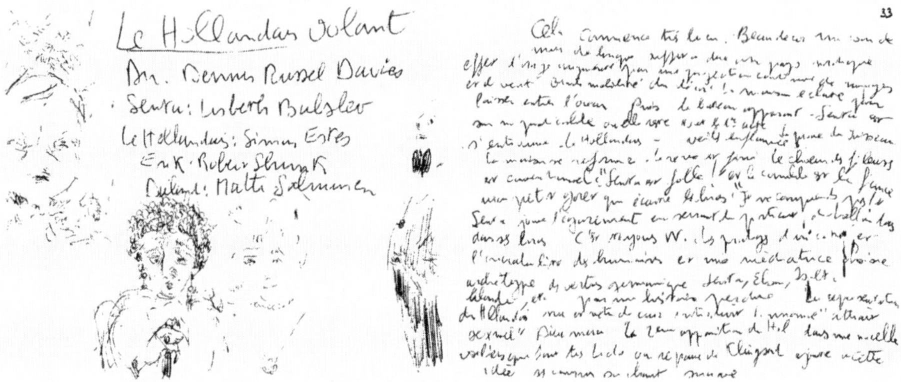


Cela commence très bien, beau décor : un coin de mur de brique suffit à dire un pays nordique. L'effet d'orage est accentué par une projection continue de nuages et de vent, jusqu'à ce que la maison éclate pour laisser entrer les flots de l'océan. Le bateau apparaît, sa proue s'entrouvre, le Hollandais est là ; en haut Senta, sur un praticable où elle restera perchée tout au long du premier acte, les voiles du vaisseau s'enflamment, la maison se reforme, le rêve finit.

*Le Hollandais Volant*
Wagner. Dresde 1843
(Russel Davies ; Lisbeth Balslev, Estes, Shunk, Salminen…)

Dans tout cela, le chœur des fileuses paraît bien conventionnel : « Cette pauvre Senta ! elle est folle ! » se lamentent-elles, et elles n'ont pas tort lorsqu'on voit le « légitime », vrai petit goret, les bras toujours écartés, qui semble déplorer : « Je ne comprends pas ! ». La pauvre Senta, tout égarée, essuie sur son ventre le portrait du Hollandais… Voilà : les prodiges d'un côté, l'incrédulité des humains de l'autre et une médiatrice choisie, archétype des vertus germaniques. Senta, Elsa, Isolde… La vision du Hollandais, corps nu couvert de cuir, introduit l'idée sexuelle dont on avait bien besoin, et que ne détruit pas sa seconde apparition dans une nacelle de voilier genre Lido ou repaire de Klinsor. Enfin, quelque chose d'un peu décadent dominé par la voix suave où les graves gras donnent un peu trop l'accent négritude… Balslev chante en « lançant » ses aigus surtout dans les notes finales ce qui procure à son personnage un caractère « à bout de force ». Elle ne peut croire à la réalité de son histoire et reste cramponnée au portrait comme à une preuve.

Tout est juste, les acteurs accomplissent des prouesses, Boulez braque son projecteur sur la musique. Mais on peut imaginer encore autre chose, une mise en scène est toujours un aspect de l'œuvre à laquelle elle s'applique. Une mise en scène ne constitue pas une œuvre d'art…

*L'or du Rhin*
Munich 1869
Boulez – Chéreau – Peduzzi – Schmidt ;
McIntyre, Egel, Jérusalem, Zednik, Hanna Schwarz, Carmen Reppel, Ortrun Wenkel, Becht, Pampuch, Salminen, Hübner, Norma Sharp, Ilse Gramatzki, Marga Schiml)

On remet sous les yeux du public les personnages des *Damnés* de Visconti : des industriels de la Ruhr… À cause de cela, Hundig donne un coup de lance de trop lorsqu'il tue Siegmund !

Jeunesse, verdeur, de Sieglinde rayonnante de santé vocale, ce qui nuit presque à l'émotion… Un mouvement de pendule tourne pendant la « discussion » Wotan-Fricka ; un miroir, renvoie de belles images du couple ; Scharz est magnifique. Très belle image de Brünnhilde et de Siegmund dans un voile blanc traversant la scène sur un fond de forêt obscure pendant que Sieglinde est étendue sur le sol. Siegmund est tout aussi superbe à voir : beau torse bronzé, cheveux d'or… Les esprits qui trouvent dans la critique un exutoire à leur médiocrité, ou la masse des hommes qui détestent la beauté, jugent la voix inégale, fatiguée – sans doute par Lohengrin ? Il y a des « creux », c'est certain, mais le chant est d'une belle couleur, et toujours très musical… Bien sûr, le tableau le plus spectaculaire est le fameux rocher embrasé où les ruines d'un palais émergent d'un horizon marin… On devine la Walkyrie dans un peu trop de fumée, puis l'immense rideau noir de la nuit tombe des cintres.

*La Walkyrie.*
Munich 1870
(Hofmann, Salminen Jeanine Altmeeyer, Gwyneth Jones, Carmen Reppel, Karen Middleton, Gabriele Schnaut…)

*Siegfreid*
Bayreuth 1876
(Jung, McIntyre, Becht, Norma Sharp…)

Scène de la forge de l'épée. Siegfried s'affaire à la forge : feu, éclats, fumée… pendant que Mime avec des gestes outranciers confectionne une omelette, puis se drape dans de vieux rideaux, doublant le sublime de dérision.

L'obscurité du deuxième acte fatigue. Sans doute une légère dose d'ennui est-elle nécessaire pour que se prépare le prodige ? Le dragon est fait d'une grande machinerie sur les roues d'un char. Belles images de l'oiseau dans sa cage, de Fainer, de l'or… Au troisième acte, une lumière grise uniforme, très belle, éclaire la scène où apparaît Erda sous la forme d'une « chose » qui roule dans des voiles, une vieille femme, la terre, la gestation… Brünnhilde s'éveille comme on naît : dans la douleur, le suprême étonnement, l'amour fait d'autant de souvenirs que de doutes. Jones interprète avec le génie du théâtre des grandes tragédiennes de légende.

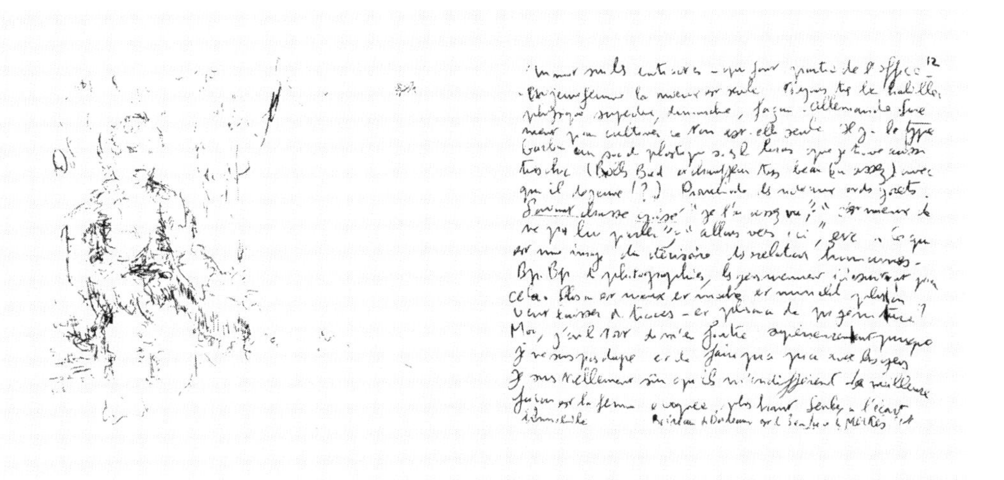

Les wagnérophiles paraissent tous vieux et moches, tordus comme des monstres. Ils donnent l'idée fâcheuse d'une culture où les éclopés se réfugient, comme dans la pratique d'une religion jalouse. Les Français, pour une fois, relèvent le niveau. Je partage les entractes avec Annemarie Fisch-Schindler que j'aime beaucoup pour son charme sage, si parfaitement autrichien ; avec Michel Guy, homme élégant s'il en est. Le seul qui ait pensé qu'une traditionnelle cape d'alpaga est ici plus confortable qu'un imperméable. Titi Furstemberg, avec laquelle je soupe, revêt son dirndl pour démontrer qu'elle est Autrichienne et non pas Américaine, ce qui peut toucher Tassilio, son époux ? Durant ces interminables entractes – où le jambon fumé et la bière risquent de rendre indigestes les actes suivants, mais qui font tellement partie de l'office – d'anciens combattants de toutes les causes perdues distribuent encore des tracts où l'on stigmatise la production

« française » du *Ring*. On peut donc se sentir assez fier de venir du pays du scandale ! À Bayreuth l'élégance n'existe pas puisque la « *Tenue de soirée* » est obligatoire, et le climat de montagne rarement propice à la légèreté. Il pleut. Les hommes sont chaussés d'épaisses semelles, des parapluies criards encombrent les bras et alourdissent encore les gestes. Les divers groupes de Français se livrent à de savants chassés-croisés : « Nous l'avons assez vue ! » ; « C'est mieux de ne pas leur parler maintenant, on serait obligés de dîner avec eux… » ; « Allons vers là… » ; « Tiens ! On se retrouve ! Comment va… Bien sûr, vous dînez avec nous ?… » Inépuisable ridicule des relations humaines. Les groupes et couples se photographient, les solitaires se font photographier : toujours des preuves à administrer.

Deux grandes femmes très maigres, aux énormes masses de cheveux gris, engoncées dans des capes de satin, silhouettes vénitiennes, se dirigent vers le restaurant du Festspielhaus, un petit griffon gris en laisse : un chien wagnérien ?

Une œuvre : des personnages vivent sous les yeux du public, ils donnent une représentation de la vie de chacun, de ses rêves, de tout ce qui en lui reste secret et qu'il cherche justement à découvrir. Une œuvre, c'est l'image où l'on se trouve enfin.

Mozart, comme on dit, est divin. Simplement, parce qu'il décrit des mouvements de sentiments humains entourés de circonstances – la société, l'histoire… – qui ne sont pas prépondérantes. Mozart trouve son « appli-

cation » à toutes les époques, sous toutes les latitudes. Wagner, au contraire, date du XIXᵉ, même s'il va chercher son inspiration dans les légendes du Moyen-Âge. Il a besoin de ses machineries historiques et légendaires pour que sa musique « bourgeoise » décolle vers les sommets des archétypes. Alors que le motif chez Mozart passe comme le vol d'une hirondelle, il revient ici lourdement. L'instance du leitmotiv démontre le caractère obtus des hommes : il faut qu'ils enregistrent, qu'ils comprennent, ces lourdauds ! On se trouve tellement, presque trivialement, si éloigné du divin qu'il devient indispensable de sacraliser, d'où la nécessité des dieux, du fatras légendaire, des rites…

Ce qui est « donné » se traduit par une grande facilité – comme les premiers vers des poèmes chez Valéry. Les moments donnés se repèrent vite : on ne s'ennuie pas.

Alors, on se trouve prêt à s'élever vers les sommets, à contempler de très haut les gestes humains, nos propres gestes, pour chercher à y apercevoir les calques des dieux auxquels, pour un instant, on croit.

Intemporaliser Wagner – ce que firent ses descendants au Festpiele, paraît aujourd'hui une erreur honorable. Les « Français » au contraire délimitent l'œuvre dans son cadre XIX<sup>e</sup> bourgeois, y compris la volonté de faire plaisir aux bourgeois, qui consiste pour une part à les choquer. Ce qui les satisfait comme une gymnastique douce de l'esprit, susceptible d'offrir une bonne conscience culturelle.

Les Nornes partent à genoux, dans une lumière grise, Brünnhilde arrive, la scène s'éclaire et l'on découvre Siegfried qu'elle éveille. Jones joue, c'est-à-dire vit, admirablement, son amour pour Siegfried. Colonnes hautes et minces à contre-jour, costumes 1930. Mazura superbe, Altmeyer dans une robe de satin blanc, cheveux auburns. Le frère et la sœur évoluent dans une perspective vénitienne… Ce que l'on prend pour une balustrade correspond à la vue lointaine de maisons sur la mer : l'impression vénitienne !… Siegfried et Gunther échangent la coupe du serment emplie de leur sang… Le rideau se baisse lentement sur le premier tableau.

Prélude, émotion… Brünnhilde, devant le rocher, contemple l'anneau. Arrivée de sa sœur Waltraute. Brünnhilde ne croit plus aux dieux mais en l'amour de Siegfried. Brouillard rose, obscurité, ambiance tragique : Siegfried paraît enveloppé d'une cape, coiffé du casque qui lui donne l'apparence de Gunther. La Walkyrie est comme une mouche égarée que va saisir l'homme masqué. Il lui arrache l'anneau. Elle gît, anéantie, sur le sol… Intensité de l'encerclement, après la lutte. Siegfried arrache son casque et jette son épée, la scène s'embrase…

*Le Crépuscule des dieux* Bayreuth 1876 (Mazura Hübner, Jeanine Altmeyer, Gwendolyn Killebrew)

Retour des thèmes musicaux, satisfaction des auditeurs : « Tiens, tiens, Wagner ! Ah ! Oui, on est à Bayreuth… Oh ! Qu'on est mal assis… je m'étais assoupi sans doute… »

Une lumière jaune éclaire le tout, Siegfried paraît, de la mer… Gutrune est moins plausible, ici, dans sa robe des *Damnés*. La chamaillerie entre les deux couples, malgré les enjeux, paraît assez triviale. Gutrune et Siegfried deviennent des « fiancés » un peu benêts. Gunther et Brünnhilde faisaient figure de couple maudit. Brünnhilde, les bras tendus comme une épave disparaissant, entraînée par Gunther…

Le trio de Filles chante gaiement près du barrage éclairé. La chaussée, où coulait l'eau, ressemble à une des colonnes couchée comme un signe funèbre du drame que l'on attend. Les Filles sont magnifiquement mobiles, pareilles à ces guirlandes de femmes qui entourent les bustes 1900 dans les jardins publics. Elles partent, ondulantes et chantantes, et Siegfried au son du cor les rappelle en vain… Les silhouettes des chasseurs se profilent au sommet du barrage. Puis, c'est à nouveau la lutte des classes « en chasse », la violence qui trouve, dans le livret, bien d'autres raisons de s'exprimer. La fin est une sublimité : Siegfried meurt dans un faisceau de lumière blanche, les autres s'approchent dans le noir et le faisceau s'éteint, effaçant Siegfried… Le rideau se relève sur la perspective « vénitienne » où la foule disparaît, ce qui ajoute à la solitude déchirante de Gutrune… Prouesse vocale et scénique de Jones qui, dans le paroxysme, exprime l'immensité de l'amour humain. Le bûcher s'éteint et les hommes se redressent…

Ah ! Cette bonne salle des Champs Élysées, ces bons vieux velours fuchsia, ces marbres gris, ce plafond apollinien !

J'ai dans l'esprit toutes les images sublimes du *Crépuscule* de Bayreuth, il me suffit d'écouter…

Patané dirige comme sous une colonnade de ville d'eau, les voix sont tuées par l'orchestre, là, sur scène, qui hurle, hilarantes cuivreries criardes ! Enfin, Wagner, ça n'est pas que du bruit ?

24/9/79
Champs Élysées
*Le Crépuscule des dieux*
Dir : Patané
Brunehilde : Roberta Knie, Waltraute : Nadine Denize, Siegfried : Jean Cox, Hagen : Peter Meven, Gunther : Askar Hillembrandt, Alberich : F.J. Kapellmann, Gutrune ; Hélène Garetti.

Excellente Nadine Denize : sens du phrasé et de la dramaturgie, intensité, parfois un peu bâclé, comme si elle doutait d'elle-même…

2/10/79
Gaveau
*Schubertiade*
Jörg Demus joue sur le piano de Beethoven
Judith Nelson

Quelle beauté, ce piano d'acajou ! Bien trop beau pour cette collégienne qui le frôle et s'appuie sur ses reflets roux. On ne peut guère chanter plus mal Schubert. Sainte Elisabeth ayez pitié de ces miaulements… Demus non plus ne suffit pas à célébrer le culte sur cet autel, privé de sa Judith il redevient un très bon pianiste…

13/10/79
*Faust*
Paris 1859
(Dervaux ; Lavelli, Bignens, Riogel ; Van Dam ; Bisson ; Soumagnas ; Valérie Masterson ; Renée Auplan ; Jocelyne Taillon)

L'abjection au cours des âges, sociologie de l'abjection : tout ce bazar semble si éloigné de nous, de notre préoccupation de l'homme. Le « Bien » n'est pas Valentin, ni le « Mal » Marguerite, la seule que nous aimons avec, peut-être, Méphisto – comme nous apprend Valéry…

Au fond, rien que des personnages pitoyables : Marguerite Masterson n'est rien ou presque rien. Riegel affreux, cela va jusqu'au ridicule de la mort de Valentin, quel pauvre con ! Impossible de s'émouvoir des mésaventures de ce travelo. Oh ! le quatuor Dame Marthe-Marguerite-Faust-Méphisto fut fort beau ce qui n'empêcha pas les conciliabules des musiciens que je guette dans leur fosse à rigoler, à se passer des papiers pornos (?)

puis, vite, vite, ils se remettent sur leur partition. Le coup de génie de la mise en scène est tout dans le choc final, l'émotion à laquelle nous prépare ce glissement des sentiments dans le temps si bien rendu… On peut paralléliser avec *Werther*…

Public du samedi assez réconfortant : les choses restent en place. Dadames en atours, flanquées de grands fils… Madame Barre, pincée comme une veuve d'officier… Tous ces « tableaux » provoquent un vague attendrissement, à la limite, une reconnaissance…

16/10/79
Garnier
*Simon Boccanegra*
Verdi
Venise 1857
(Santi ; Strehler ; Frigerio. Production de la Scala. Cappuccilli ; Kiri Te Kanawa ; Ghiaurov ; Luchetti…)

Comme tout paraît simple dans Verdi. Chaque climat, chaque personnage, chacune des situations s'assortit de son paysage musical. Ainsi les protagonistes se retrouvent-ils dans une espèce de « chez-soi » où ils se sentent à l'aise et où ils peuvent se dépenser, jusqu'à « se laisser aller » – ce qu'ils font tous de bon cœur.

Très différent du leitmotiv wagnérien qui prend une sorte de prétention intellectuelle, dont la cérébralité nuit à la « chair ». Ici tout arrive à fleur de peau.

Musique ciselée à la perfection. Santi tout à fait à son avantage dans ce plat de nouilles relevé par de si grands artistes : Raimondi s'impose dès la première note – à peine troublée par les « merdes ! » des machinos derrière le décor. « Sempre il silencio e bravo » ! Kiri, très appliquée, s'appuie en brefs coups d'œil sur le chef et en oublie parfois ses jeux de mains… Les musiciens – toujours eux ! – rient et se trémoussent durant la farandole « Viva Simon »…

Trop classiques mouvements de mise en scène mais, comme toujours, il s'agit de triompher des invraisemblances du livret. Ah ! Quelle histoire !

19/10/79
Garnier
*Don Giovanni*
Mozart/Da Ponte
Prague 1787
(Varviso Everding, Businger ; Soyer ; Bacquier ; Christiane Eda-Pierre ; Térésa Zylis-Gara ; Burrows ; Mac Kurdy ; Jane Berbié ; King…)

Direction grave, nuancée, légère… Bacquier très à son affaire – tête ou trogne heureusement rajeunie ! – Eda-Pierre en petites difficultés, Zylis-Gara ressemble aussi à une vieille chatte. Soyer interprète le rôle titre comme des mélodies de Fauré. On est loin du mordant Raimondi. Berbié n'a plus les quinze ans de Zerline. Masetto – celui du film, comme disent tous nos mélomanes du 7e art – a conservé, Dieu merci, ses beaux mollets… L'empoté Burrows n'est sans doute pas un acteur de génie…

Bon, la musique toujours aussi sublime : air d'Anna, Eda-Pierre ressemble à un petit ressort ; elle secoue quelque mécanique dans son gosier pour sortir les notes – mais elle élude la vocalise…

C'est vrai que *Don Giovanni* livre un très grand message : coupler la générosité avec la liberté.

Décidément, il ne me faudra plus venir à Garnier que le samedi. Entendu à l'entracte : « Ça se passe à Venise ? », « Pourquoi, ils ne chantent pas en espagnol ? », « La blonde chante comme la Callas », etc.

6/11/79
*La Fille du Régiment*
Donizetti, créé Paris le 14 juillet 1870
Sans doute fut-ce ce côté hors saison qui me fit partir à l'entracte 8/11/79 Pleyel
Janet Baker, Caldara, Martini, Pergolèse, Scarlatti, Caccini, Durante, Schubert, Fauré, Liszt.

Dame ! On sait tout faire. Avec beaucoup d'art. La cuisinière anglaise s'est déguisée en Amphore. Elle nous dit ses secrets – influence néfaste de la Salle Pleyel – Certo, certo… Ce genre de perfection n'est pas bandant. On peut aussi bien la juger « Sublime d'émotion contenue », etc. Alors qu'elle chantait la nuit de rêve, deux larmes plus belles que les diamants de ses oreilles coulèrent sur ses joues… Schubert offre les émotions les plus précieuses. Je m'en délectais, cette femme est ainsi, sans doute trop bien élevée. Si elle est émue on jouit, sinon, on s'ennuie.

Et la voix ? Mon dieu, on a souffert ! Gras plus que moelleux, mais une sauce partout assez agréable. Elle est honnête, très honnête.

(La femme qui était à côté de moi à ce récital ressemblait tellement à une sorcière que j'ai dû garder la chambre deux semaines).

25/11/79
Garnier
Pavarotti
(Giordani ; Gluck ; Le Grenzi ; Beethoven ; Bellini ; Rossini ; Liszt ; Tosti, etc.
En bis airs de
*l'Elixir d'amour, Manon Lescaut, Werther, Tosca*, etc.)

Attendons plus d'une demi-heure sans que le moindre petit monsieur, emprunté à souhait ou faussement détendu, franchisse le rideau pour offrir quelque annonce d'impératif technique… Redoutons une annulation. Enfin, il apparaît, bras entrouverts – comme on arrive à la rencontre d'un cher ami, mouchoir à la main… Un air de vieux Jésus bien gros. Gestes de quelque Aga levantin, et il chante… « superbement ». Air de *La Gioconda – Cielo e mare* – sublime. Entendu d'aussi près, le souffle me paraît « court ». Ce n'est pas une voix énorme, les notes peuvent être écrasées, avec quelques « nasalités ». Bien sûr, il choisit « l'effet », pas la difficulté. Il se nourrit des acclamations de la foule en délire, salue les yeux mi-clos : un *imperatore* attendant les couronnes de laurier ! On dit qu'il est l'être le plus tendre de la terre, je le trouve horriblement antipathique, tellement vilain !

Je saurai par Darmon, président de je-ne-sais-quoi à l'Opéra, qu'il a demandé six millions (*) et qu'il exigeait en plus le cachet du pianiste – ce qui ne se fait jamais. Darmon a tenu bon, menaçant la star d'aller devant le rideau rouge annoncer au public pourquoi M. Pavarotti ne se produirait pas ce soir. Nul doute que ces braves aficionados se seraient cotisés ! Ah ! J'ai bien tort de trouver inutile un président de plus à ce palais.

* Les élus de la République, ces années bénies de l'Opéra, s'inquiétaient beaucoup des cachets donnés aux artistes par l'administration Liebermann. Les élus sont pourtant proches des clubs de football où se pratiquent un tout autre tarif pour leurs stars lesquelles, il est vrai, courent derrière leur ballon en présence de trente mille spectateurs. L'imperturbable Rolf Ier, lorsqu'on lui reprochait de surpayer ses têtes d'affiche par rapport aux autres scènes européennes, rétorquait qu'il fallait bien les attirer au Palais Garnier où, avant lui, nul ne voulait plus se commettre. Cela dit, Jon Vikers et Placido Domingo plafonnaient à trente mille francs par représentation, Mirella Freni et Christa Ludwig suivaient à vingt mille, Teresa Berganza – qui fut programmée jusqu'à vingt et une fois par saison – percevait environ dix-sept mille francs, Kiri Te Kanawa, quinze mille, etc.

16/12/79
Garnier
*Les contes d'Hoffmann*
Offenbach/Barbier-Carré
Paris 1881
(Cambreling; Chéreau, Peduzzi, Schmith;
Danièle Chlostawa; Suzanne Sarroca;
Christiane Eda-Pierre; Sarah Sterling;
Philippe; Francine Arrauzau; Riegel; Loreau;
Dumé; Bastin; Dumont;
Tom Krause; Vento;

Voici que la mise en scène paraît fort appréciable. Non pas qu'il ne s'agisse d'un très grand artiste mais, lors de la création, j'avais cédé au sentiment banal des mélomaniaques qui les pousse toujours à critiquer. Car nous vivons surtout dans un passé béni, peuplé de flambantes déesses gorgées de nos ovations, de magiciens qui surent recréer les univers de nos rêves.

Que d'heureux détails dans cette mise en scène! Mon acquiescement déborde vers les interprètes: Krause très en progrès, Sarroca encore possible en Giulietta, Riegel acteur suprême avec, dans ce rôle, une voix brisée… Une immense tendresse-reconnaissance emplit mon cœur et voici que, justement, parmi les choristes, je découvre « la Comtesse »: chevelure choucroutée, gras du bras « mollet ». Parfois, elle se réfugie dans ma baignoire d'avant-scène entre deux passages sur scène car, à ses dires, contrairement à ses collègues, choristes ou doublures, elle s'intéresse vraiment à l'Opéra. Elle me racontait ses Premiers Rôles en province où la conduisait sa position de « Soprano de l'Opéra », rôle qu'elle jouait dans sa vie de tous les jours, arborant un physique parfait de « Parisienne » et vivant entretenue

– aux dires des autres choristes ou des placeuses jalouses – par un « Comte » possédant château. (J'eus bien raison de lui offrir attention et compliments, dont jamais elle ne douta : au cours d'un été, elle mourut d'un cancer.)

La projection d'image sur le voile froissé qui disparaît est une vraie trouvaille – lorsque la machinerie fonctionne, ce qui fut rarement le cas lors de la création. Une image, ce n'est beau que fugace !

Chlostawa parfaite dans son rôle de mécanique – très remontée. Mais c'est Eda-Pierre qui donne à l'œuvre sa dimension profonde, sa poésie. Elle possède le talent, l'intelligence et… la grâce.

Nous sommes dans un creux de vague : lyrisme intermittent, légèreté… *Tristan* : impossible mécanique ! Barenboim, quoique très attentif, est encore trop nerveux dans Wagner où il n'atteint pas la « grande dimension », Altmeyer, dans le genre belle joueuse de tennis, elle aussi encore fragile, insuffisant, mais on sait qu'elle triomphera bientôt, sans doute parce qu'elle est belle et rayonnante. (le hussard Nilsson s'est imposé car elle n'avait pas d'autres choix que sa force) Yordanoff nous offre des jaillissements de cordes superbes néanmoins l'orchestre me semble distrait : heure digestive ?

12/01/80
Palais Maillot
IIe acte de *Tristan*
Barenboim, Jeanine Altmeyer,
Yvonne Minton.

Ah ! la, la, voilà que cela se détraque : ils chantent faux ! Enfin, Salminen redonne un peu de poids à tout, et on achève dans le moyen afin d'éviter les « Hou-hou » du public mécontent.

14/1/1980
Garnier
*Cosi Fan Tutte*
(Lopez-Cobos ; Helena Doese ; Jane Berbié ; Tom Krause ; David Rendall ; Norma Burrowes : Gabriel Bacquier)

Berganza malade. On ne fait pas en progressant dans cette maison ! Elles sont toutes trois serrées, serrées. Seul Krause égal à lui-même. Direction au début maniérée, superficiellc, puis cela s'arrange, on prend l'habitude de tout… Oh ! La vivacité ne peut tout à fait échapper, mais beaucoup de sens, oui !

À la fin seulement, dans un climat onctueux, arrive jusqu'à nous un parfum d'âme.

Pauvre Gabriel ! Toujours beaucoup d'art, mais si vieux !

Nous assistons ici à la préfiguration de ce dont on parle, ce dont on rêve : un opéra de troupe. Pas de têtes d'affiche non plus, quelques frissons d'énervement dans le public – mais bien moins sur scène ou dans la fosse.

Personne ne se défonce, c'est « homo-gène », comme disent toutes ces folles. Nous suivons docilement, sans beaucoup tressaillir à la beauté sublime de cette musique. Il est permis de leur en vouloir et de sortir sans un bravo.

25/01/1980
Favart
*Le Château de Barbe Bleue*
Balàzs, Bartôk
Budapest 1918
Le duc Barbe bleue : Ernest Blanc ; Judith : Viorica Cortez, le Barde : Jacques Guimet.
*Erwartung* – attente
Monodrame, musique d'Arnold Schönberg, poème de Marie Pappenheim, version française de Max Deutsh
La femme : Suzanne Sarroca
(Cambreling ; Camerlo ; Max Schoendorff)

Verdeur de Cambreling, nerveux, tendu, Cortez parfaite : statue, gestes, si expressive voix charnue et puissante. Bête de scène dans sa lourde robe bleue, avec de la chair, de l'intelligence… Tout le monde de l'avis contraire. Pourtant il faut cette puissance bestiale à cette musique.

Que dire de Sarroca ? Elle se défend ! C'est une amoureuse, une actrice avec des façons, du savoir-faire – il paraît qu'elle le fait très bien – mais je ne suis pas la pipelette du Palais Garnier. Je vois Sarroca dans les mémoires de Casanova ; pour moi, c'est le meilleur compliment. Elle honore notre opéra français si décrié car ses vedettes ignorèrent les gros cachets.

2/2/80
Maison de la Radio
*Adriano in Siria*
Pergolèse
Naples 1734
Livret de Métastase
Dir. Vittorio Négri
Sabina : Magdalena Canovici ; Emirena ; Ann Murray ; Farnaspe : Bruce Brewer, Aquilio : Martyn Hill ; Ostoa ; Philip Landridge ; Adriano : Peter Runge.

Opéra séria c'est-à-dire invraisemblable mais la clémence du prince est assurée ! On donnait cette si jolie musique en même temps que *la Serva padrona* qui servait d'intermède bouffe. Il y a là un peu de Mozart et, déjà, un peu de Rossini.

Tous chantent très bien. Bruce Brewer reprend ce rôle créé pour Caffarelli et cela donne assez envie de castrats : souplesse, invention, registre… L'orchestre très en train, presque joyeux.

26/01/80
Champs Élysées

À nouveau le *Divertimento* pour corde avec Menuhin que j'ai trouvé le 24 tellement « lunaire » !

J'ai dû attendre Jeanne Voilier – qui habite à trois blocs de là – jusqu'à la première mesure. Il faut qu'elle explique le coup de téléphone (de Peyrefitte) dont elle ne parvenait pas à se démêler, on se jette sur nos fauteuils essoufflés.

L'orchestre, depuis ces deux jours, a pris du « lien », tout est en place, achevé ; de plus, mon oreille est « faite » à Bartock : que de cavernes mystérieuses et de trésors… C'est toujours un peu le château de Barbe Bleue.

Menuhin semble l'extraire de l'orchestre, il possède le Sésame mais tous ne l'entendent pas. Ah ! Ces musiciens ! Peu attentifs, indolents, syndiqués ! Que c'est difficile de faire vibrer tout ce monde, il n'y a pas que les instruments mais les cœurs.

5/02/1980
Garnier
*COSI FAN TUTTE*

Quarante et unième représentation de cette production et dernière pour quelque temps : je devais y venir.

Mais oui : on est souvent réduit à parler de sa bonne conscience. J'ai mauvaise conscience si j'omets une représentation d'un opéra de Mozart. Lors de la première d'une série de reprises on se dit : c'est moins bien qu'à la création… Puis, on oublie tout, Aix et ses Téresa, Kiri, les uns et les autres : la musique, toujours, l'emporte. Aussi, est-il bien ridicule de soupeser les interprétations. Musique nouée de cœur et d'esprit, image du monde, image de l'homme : vérité ! Miroirs pivotants de la vérité humaine : la permanence de soi. Parce qu'il se trouve dans Mozart des valets moqueurs et une indiscutable idée de justice, on réduit ses œuvres à leur « message social ». C'est tout notre message humain que porte Mozart.

En revanche, le monde mythologique de Wagner se trouve « dimensionné » par une interprétation sociale – sans cela *Le Ring* n'intéresserait pas grand monde ?

Après « *La tempesta…* » où les notes graves sont prises dans l'écho du cor, les applaudissements déferlent comme une marée…

Ah ! Par exemple, les machinos exagèrent : jamais les changements ne se sont effectués dans un tel vacarme. Coups de pied au cul ! Gall m'explique qu'on ne peut faire moins car les décors roulent ?……

Lefort ne nous fera pas la grâce d'un *Cosi* avant 1982… Du temps où l'Opéra connut une direction bicéphale Lefort-Lesur, Dussurget disait « Lesur n'est pas fort, Lefort n'est pas sûr ! »

6/02/1980
*L'Enlèvement au Sérail*
(Baudo ; Deiber ; Christiane Eda-Pierre ; Danièles Perriers ; Davies ; Orth ; Moll)

Kurt Moll magnifique acteur et chanteur hors pair, je comprends l'admiration que notre Jane Berbié lui voue, Pedrillo, son compère de toujours, Eda-Pierre, grande souplesse et plénitude – quelques aigus pointus mais si vivants, palpitante comme un oiseau… Ryland Davies légèrement métallique. Trio du premier acte : un équilibre parfait. Jamais Eda-Pierre n'a mieux chanté son air d'entrée du second acte : la tension y devient la plus rare des grâces. Une construction de cristal au bord d'un précipice (Périlleux exercice dans *L'Enlèvement* que d'attaquer chacun des actes par pareilles prouesses). Inspiration, passion, beaucoup plus que de l'art. Elle fuit sous les applaudissements immenses… Je l'imagine, le cœur battant très fort, buvant un verre d'eau sous l'œil bienveillant de Geneviève, la bonne habilleuse… Puis nous la retrouvons, amoureuse heureuse, détendue, souriante : « Ah ! Belmonte ! » Et ce Belmonte est très charmant – c'est tellement difficile qu'un ténor puisse inspirer un amour plausible ! Réserves pour Perriers, du vinaigre. Quatuor parfait. Je reviendrai. Quelle chance Paris ! En un mois nous allons applaudir trois grands chefs : Eugèn Jochum, Riccardo Muti, Karl Boehm, et pour deux d'entre eux, certainement il s'agira d'adieux éternels.

7/2/1980
Pleyel
Dir : Eugèn Jochum
Wagner ; *Prélude et mort d'Iseult*
Bruckner : N° 7

Ampleur et style : il façonne tout d'un geste large, sa main gauche sollicite, apaise ; l'index appuie un point mystérieux pour donner la lumière des cuivres ; l'annulaire et l'auriculaire assourdissent les cordes un dixième de seconde ; le médium montre la voie aux vents puis se replie ; et surgit le poing droit qui donne des coups nerveux – la baguette dessine des 8 aussi rapides qu'une hélice ! La main gauche est un dessin : fuselée, entrouverte comme une fleur, précieuse.

Visage de grand-père qui mange la musique. Chacun est désigné et doit obéir, mais aussi imploré, supplié, car toujours il faut davantage d'effort et d'application, et de don. Nous écoutons. Personne ne tousse ! Ainsi dans Bruckner nous entrevoyons les fulgurances qui traversent le climat facile qui marque l'époque ; parfois, c'est un oiseau voulant s'élancer… Résurgence de lyrisme – wagnérien ? qui, retenu, éclate, somptueux, avant de se replier dans l'écho d'une flûte solitaire très vite dissoute dans les cors et les cuivres qui annoncent la mort en apothéose. Enfin, le « climat » des cordes revient pour s'imposer, la flûte encore résiste, comme un sort qui s'acharnerait sur la vie familière… Puis nous retournons au Prater pour finir à Karlory Vari. C'est un chef historique.

11/2/1980
Favart
Récital Alicia Nafe
Monteverdi-Vivaldi-Cherubini-Malher-Guastavin-Ginestera-Mozart-Bizet-Donizetti-Falla

Elle me plaît ! Opulente chevelure noire, peau très blanche, potelée à souhait, petite, jeune : un bijou de harem.

Elle chante bien et fera des progrès, nous n'en sommes pas encore à la grâce : Mozart, court et sec.

Elle veut montrer qu'elle fait tout…

Sourit d'une façon charmante et… « scénique ».

Intelligente : distille Malher avec humour et une santé un peu rude fort plaisante qui met bien en évidence l'émotion contenue dans ces œuvres trop souvent données dans une interprétation pleurnicheuse.

Elle joue très bien chacun des morceaux, surtout au cours de la seconde partie, beaucoup plus à son aise… Après le *Compagnon Errant*, elle revient à ses compatriotes latins pour se faire plaisir et nous enchanter. La voici excellente Carmen : Aïe, aïe, elle mord, on ne s'ennuie pas.

14/2/80
Pleyel
Dietrich Fischer-Dieskau
Wolfgang Sawallisch

Schumann D.F.D est toujours parfait. Tout y est : des plus légères feuilles qu'on voit tomber sur les bassins, de la mère dont on sent le souffle sur le berceau, du soldat qui meurt sous les balles, de la noce de village… Tout y est, et, surtout, nous y sommes ! Un chanteur réaliste, en somme.

Et le piano est aussi une perfection.

Les textes d'Andersen sont forts, tout autant que des chansons de Brel, auxquelles je pense… Le *Meine rose* (Nikolaus Lenau) me replonge dans Rilke…

Les paysages et les promenades existent aussi (Heine), décrits avec le même art, le même souci de perfection, d'esprit, à la fois force et finesse. Images viriles, aiguës et sensibles.

15/2/1980
Garnier
*L'Enlèvement au Sérail*
Mackerras, idem pour la distribution

L'orchestre sonne moins bien. Que de « laisser-aller » j'observe dans les pupitres ! Davies toujours charmant Belmonte. La scène le flatte : il était mon voisin fort banal à Pleyel l'autre soir… Fatigues vocales difficiles à dissimuler. Eda-Pierre, elle aussi fatiguée, encore plus émouvante dans ses aveux du premier acte… Ai tremblé pour elle au second… Quel art sublime ! C'est le propre des voix naturelles : elles s'en sortent toujours.

16/2/80
Champs-Élysées
Rostropovitch – Conlon
Berlioz – *Carnaval romain – Lustro Concerto pour violoncelle* Dvorak.

Le *Carnaval* sans doute donné en « morceau de saison » et dirigé avec l'esprit cuivresque qu'il faut : notable enthousiasme de ces instruments. Dans le *concerto*, les familles de bruits deviennent de grandes alliances musicales. Ces rouages dispersés seraient choquants s'ils n'étaient ainsi savamment organisés. Rostro y verse son huile merveilleuse, le violoncelle devient un bébé éléphant qui pleure et va mourir. Je l'aime absolument. Le *Concerto* reprend l'idée du *Carnaval* mais il manque une tension, un poids de malheur qui rend la musique du Tchèque si forte. Ici, parfois, impression de machine à coudre…

23/2/1980
Garnier
*L'ENLÈVEMENT* (dernière)

Tout à fait extraordinaire numéro de Kurt Moll. Que l'on est bien dans ce Mozart. Air de Konstanze : j'observe, comme à la loupe, la mise en œuvre de cette perfection. La poitrine se soulève, le cou gonfle sur le tendon du cou, pareil à une gorge de pigeonne qui roucoule… Oh ! Oiseau si vivant, si vrai, si proche… Il y a quinze ans que je l'aime, que je la chois. J'étais jeune, je lui envoyais des bouquets… Tiens ! Cela n'existe presque plus aujourd'hui ? Il est vrai qu'elles se font assez cher payer pour pouvoir choisir leurs fleurs…

29/2/1980
Garnier
Récital Alfredo Krauss

Zanetti, Scarlatti, Mozart… Oh ! Sûrement, une manière de perfection, le « dernier », le « divin », mais tout est tellement dit avec des pinces à sucre – fort bien placées – je n'aime rien ni personne ! Ses « *Jé souis…* » assez sympathiques. Il ferait un très beau couple avec le tourneur de page…

Le temps passe, on arrive aux espagnolades qui ne consolent pas de ses merveilleux airs d'opéra français – son « sublime » *Werther*, etc. Aussi faisje la moue devant ce vieux monsieur dans son habit trop flottant, cependant que les vieilles dames trépignent à désamorcer leurs rangs de perles et que les folles hurlent en secouant leur gourmette…

11/3/80
Champs Élysées
Riccardo Muti
Mozart, Falla, Schumann,

I

Dieu est en Ut. Muti le sait, il étincelle ! Il est pareil à un insecte d'acier, cambré, précis, vert, vaniteux, magnifique, profond, noué, remonté, scénique à souhait.

Face à lui, le troupeau s'essouffle – surtout dans l'*Andante* ! En revanche, nos braves syndicalistes font preuve de nerf et de savoir dans les *Allegro* d'entrée et de sortie. Il leur sourit, ses cheveux volent, sa main joue comme sur les courbes d'un corps de femme, avec charme et savoir. Il danse avec eux, il veut les inviter à danser… « Venez, soyons heureux et gais ! »

II

Il dessine de larges arabesques, prêt à s'envoler… Il devient le torero face au taureau. Tout cambré, piquant ses banderilles. Il nous offre une magnifique fiesta !

III

Il sait tout faire, quelle beauté encore.

Là, il joue la discrétion, mais autoritaire ! L'orchestre, revigoré par l'immense succès, paraît tout à fait concerné.

Ovations méritées.

Il allume des feux. Je lui dis en riant que toutes les femmes, cette nuit vont faire l'amour en pensant à lui. Il en est très fier.

13/3/80
Palais Maillot
Karl Boehm
Beethoven, Dvorak

C'est une sainte relique. Ses jambes ne le tiennent plus, il salue d'une main de noyé, l'autre agrippée à la barre d'appui comme à une branche flottante dans un courant; il s'assied sur un très haut tabouret, les jambes pendantes, comme atrophiées, fichées telles des bâtons sur le plateau de moquette grise. Au souffle, il dirige son monde – dont il est le centre. Et la musique obéit. Son autorité, presque méchante tant elle est exigeante et volontaire, est intacte. De toujours, les mains momifiées nouent et dénouent le tapis magnifique qu'il déploie avec une conscience souveraine. Je l'aime d'un amour fait de tant d'émotions, de souvenirs d'extases, de passion et de joies. Je suis à l'abri d'un Dieu et mon cœur déborde de reconnaissance.

4/4/1980
Garnier
*Les noces de Figaro*
(von Dohnanyi; Schoene; Margaret Price; Térésa Berganza; Ileana Cotrubas, Jane Berbié; Bastin; Sénéchal; au clavecin: Jeanine Reiss…)

On se pourlèche les babines, le rideau tressaille, un monsieur juste ce qu'il faut emprunté et gêné s'avance en diagonale des coulisses pour annoncer: « *Madame Berganza, souffrante, etc. sera remplacée par Madame Anna Ringart qui a bien voulu, etc..* »

Dohyanni étincelant. Chargé de sens, d'intentions… Tellement supérieur à Solti, minutieux et mathématique. Ce soir, tout s'emporte, se vivifie, s'approfondit. Sauf quelques voix qui pataugent : un Comte lourdaud, sans entrain, empesé, pur boche. Une Susanne si corsetée que rien n'en sort, de petits cris minuscules – on pourrait à la rigueur remarquer une jolie couleur, une appréciable musicalité. Caricature de Berganza que nous fabrique Ringard. Et toujours, notre délié et confiant Figaro à la voix allègre et au mollet rond. Très bien.

Mais voici que lentement s'avance vers nous, dans un froissement de soie, le totem-potiche. Elle entrouvre les lèvres pour s'inquiéter : *« E Suzanna non vien… »*.

Alors, je m'embarque au long de l'*Aria* dans un parcours d'émotions – que je souhaite interminable – dont je perçois les moindres nuances d'orages et d'espérance… Je ferme les yeux pour que me pénètre ce paysage de crépuscule, comme une respiration si profonde, un tressaillement du cœur… de l'âme ?

5/4/1980
Garnier
*Pelléas et Mélisande*
Fauré/Maeterlinck
Londres 1898
(Mazel ; Lavelli ; Bignens ; Hynninen ; Bacquier ; Soyer ; Colette Alliot-Lugaz ; Ileana Cotrubas ; Jocelyne Taillon…)

Après Mozart, ce n'est plus mon climat. Parti à l'entracte. Dussurget, qui toujours déclame ses rosseries me harponne la manche et confie ses mansuétudes, murmurant que jamais il n'a entendu meilleur *Pelléas* ?….Il doit être amoureux. Car, à son âge, il prétend être aimé de jeunes gens. Ainsi, voici quelques jours, rejoignait-il un cadre de banque après un déjeuner chez les Augustin Terrin, quai Anatole-France. Il me pria de traverser les Tuileries avec lui pour me confier son triomphe sentimental. Je m'étonnai : « Mais… Gabriel, vous faites encore quelque chose ? » Il pressa mon bras : « Mais oui ! Bien sûr ! Mais… il ne faut pas que je tousse ! »

9/4/1980
Garnier
*Les noces*
Notre Berganza reprend Chérubin

Du bord de ma baignoire d'avant-scène, j'observe Dohyanni dictant chaque parole aux chanteurs, ses lèvres dessinant les moindres nuances avec l'expression d'une satisfaction ou un léger amusement. Ainsi puis-je discerner ceux qu'il préfère : Figaro, Chérubin…

Berganza chante Chérubin pour la centième fois… C'est le chiffre qu'elle m'a fourni, plus tard dans sa loge alors que nous roucoulions un moment… J'aurai pensé la millième ? Mais quel est donc le répertoire exact de la coquetterie d'une pareille star ?

Au début, nous eûmes une légère appréhension : notes tirées… D'étourdissants vivats la ragaillardirent. Ainsi abreuvée, elle se remit bravement en

selle. Mais on sent bien qu'elle est un peu obligée de se forcer… Le velours, par endroits, laisse deviner ses déchirures. Le Grand Art finit par emporter les réticences. Le sens mozartien la conduit : elle enfile ses perles sur le fil de soie.

Price, dans la même ligne donne sa mesure de perfection dès le « *Porgi, amor…* » filé tout en tendresse et précision… Dieux ! Qu'elle joue mal ! Presque toujours minaudière, pas la moindre idée de ce que pouvait signifier une Comtesse – je veux dire la Comtesse ! Et ses gros bras, vraiment, ressemblent à de la gelée.

Fouillant mes souvenirs, je n'ai que Stich-Randall comme référence d'une Comtesse parfaite…

10/4/80
*Faust*
Gounod
Paris 1859
(Dervaux; Vanzo; Van Dam; Bisson; Soumagnas; Valérie Masterson; Renée Auphan; Jocelyne Taillon…)

Masterson fera une jolie mais petite carrière. Voix de chatte enrouée, petites couilles partout, à croire qu'elle ne sait pas la musique. Elle ne vocalise pas mais hulule, tout vacille… Avec cela charmante – quoique serrée de partout – meilleure dans les duos où elle est guidée… l'émotion

peut être ? Très bonne dans l'air de la fenêtre, expressive, aigus magnifiques. Ah ! la, la, ma pov dam', tout ça, quand ça ne fait pas le poids… C'est irrégulier, fragile… Je n'ai bandé que pour la Marguerite de Freni. On se trouve abasourdi de pareille œuvre. Quelle époque ! Supporter pareille eau bénite ! Ils bêtifient à qui mieux mieux. Cher sympathique Méphisto. Et Van Dam se trouve bien l'unique à comprendre quelque chose à la mise en scène. Au milieu du premier rang, une femme arbore un diadème, ses bras blancs grenus sur une robe mauvasse, elle semble tombée de la scène.

11/4/80
Garnier
*Les noces* Ce soir, Susanna : Oliviera Milhakovitz – jolie brune, vive, charmante, bien meilleure que la Weinderger…

Après *Faust*, quel plaisir de retrouver des gens d'esprit ! Et l'esprit, ici, est dans chaque mot, chaque note.

Le comte entonne son « *E Jubilar mi fa…* »

Pareil à un gros scarabée empli d'assurance et de vanité, sûr de sa force et de sa qualité. Figaro tout aussi assuré : des hommes qui savent qu'ils existent ! Le propre d'une époque vivante. Les femmes aussi partagent cette conscience : leur sincérité ne les empêche point de s'amuser à leurs propres peines, et leur profondeur sentimentale atteint cette philosophie qu'a plagiée Strauss dans *Le Rozenkavalier*, lorsque la Maréchale s'approche de son miroir, au 1er acte : « *Filosofia…* »

Price, plus superbe que jamais, façon de chant encore plus éclatante donnant à la pièce une intensité irrésistible – une vibration humaine capable de rendre meilleur chacun des spectateurs, et c'est bien la seule raison de transmettre la vie des chefs-d'œuvre.

« *Dove sono i bei momenti…* » la vocalise devient une cascade sur des rochers. À la dernière goutte de note, la meute qui se retient jusqu'au spasme pour garder le silence, se déchaîne en vivats et applaudissements – pour se défouler des tensions par trop inhumaines que provoquent les sommets. Elle, dans les remous de sa robe rouge, court vers les coulisses s'effondrer. Cette fuite, après pareil moment de grâce, sous les vivats, ajoute encore à l'émotion.

Puis arrivent nos séduisantes et rafraîchissantes jeunes filles qui entonnent leur sonnet. Térésa cabriole et rit. On y croit tout à fait : quel miracle, l'opéra !

15/4/80
*André Chénier*
Dir : Nello Santi
A.C. : Carlo Bergonzi ; Mère Madeleine ;
Jocelyne Taillon…

Ils sont impayables ! Santi ressemble à un gros hippopotame, Bergonzi à un vieux buffle, l'autre à un crocodile et Slatinaru à une huître, bouche et œil en rectangle ondulé. Taillon méconnaissable de minceur, très « dame » et voix égale, bravo !

Bergonzi force, genre d'effort que l'on aime voir à ces concerts de la radio où il faut se distraire sans décors.

Santi voudrait mieux tirer parti de tout son monde mais il a du mal. Il n'est guère que Taillon qui soit excellente dans son double rôle. Les autres montrent une bêtise arrogante autant dans le chant que dans l'expression. Chacun s'éponge beaucoup, surtout le héros, on comprend que la Coigny en question l'abandonne. Ils étaient pourtant assez assortis : huître et buffle ! La pauvre Malheureuse, pour « *La mama morta…* » a donné tout ce qu'elle a pu. Le public a toujours dans la tête l'interprétation de Maria, alors il applaudit, comme on implore un souvenir de ne pas nous abandonner.

Et moi, je suis content, cela fait rentrer un peu d'argent dans l'escarcelle de mon amie Maria Freccia, nièce de Giordano, qui vit de cela…

19/4/80
*Les noces*
Lucia Popp, ce soir, est Suzanna...

*Carmen*
Bizet/Meilhac et Halévy
d'après Prosper Mérimée
Paris 1875
« Opéra-comique » en 4 actes,
est-il indiqué!
(Dervaux; Faggioni;
Frigerio; Franca Squarciapino; Domingo;
Raimondi; Tèresa Berganza;
Katia Ricciarelli...)
(Décors et costumes de la production
du festival d'Edimbourg)

Et voilà : dernière de cette reprise... Hélas!

Une soirée historique – dans l'histoire de Favart... Tout le public le sent et le crie. On couvre de fleurs l'héroïne, on se cramponne aux fauteuils dans d'interminables vivats. Domingo, une pâte humaine chaude, vibrante, troublée: pauvre homme subissant, désespéré. Quel don d'artiste! Térésa merveilleuse: exactement juste. Et sa voix, une sorcellerie! Elle joue l'intégrité sauvage qui

est la vérité de Carmen. Elle plante ses jambes, pieds écartés: Un Goya! Magistrale élégance. Ses bras font comme des cercles capteurs où sombre Don José. Elle apparaît ainsi, dépoitraillée, fière, mamelles offertes, le visage tiré sur une bouche violente, l'œil en feu... Elle invente son jeu, il est sa vie.

Arrivée de Raimondi: étourdissant. Immense félin vaniteux, panacheux, élégant, superbe. Sa voix emplit la petite salle rose – si exiguë et suave pour tant de sang et de lumières.

Pauvre Micaela, toujours pareil : un berlingot !
Le public n'en peut plus de bonheur.

12/5/80
Athénée Ludwig
Wagner (*Wesendoncklieder*) Lizst, Dvorak, Brahms, Strauss…

Le chauffeur connaissant nos bonnes relations de voisinage me propose de l'attendre pour l'accompagner au théâtre ce que j'accepte avec plaisir. Dans la voiture nous devisâmes légèrement mais, lorsqu'elle parut sur scène, la robe haut fendue sur une jambe jolie, sa main frémissait de ce tract nécessaire à secouer l'esprit pour qu'il produise l'enchantement… Un peu fermière bien sûr, mais, quand on a de si belles joues ! Voix aussi chaude dans le médium que dans l'aigu… Elle comprend ce qu'elle chante et elle comprend surtout la musique.

Avec elle, je comprends combien j'aime la musique allemande. La voici, à minauder et à pétiller dans le meilleur style « avec crème » pour le Pfitzner…

Superbes chants tziganes de Dvorak.

15/5/80
Favart
*CARMEN*
*Idem*

Térésa se repose et travaille – elle est la seule à exiger un piano dans sa loge – sa voix est toujours plus belle. Au contraire, Ricciarelli tire ses aigus vers les pires stridences…

Nos hommes superbes, de mieux en mieux, est-ce possible ? Le panache de Raimondi éclabousse la salle de plumes. La Carmen de Berganza est bien la sœur de Lulu, le parallèle est évident. Le choc final fait jaillir les larmes.

Succès semblable aux apparitions de Callas autrefois au Palais Garnier ;

J'observe des vieilles dames qui, d'une loge, jettent des confettis qu'elles découpent dans des journaux, etc.

16/5/80
Église des Invalides
Rossini, *Stabat Mater* ; Verdi, *Quatro pezzi sacri*
Dir : Nello Santi
Zylis-Gara, Alicia Nafé, Luigi Alva, Arthur Rintzler

J'aime beaucoup cette Alicia Nafé à qui je reconnais de grandes qualités : voix puissante, charnue, présence avec un peu plus que de la présence, une main qui dénoue, un sourire radieux, un regard précis, une crispation du front qui donne l'idée d'une grande résolution. On flaire un grand talent, une personnalité.

Zylis-Gara, à côté, fait un peu limace, et il y a quelques bavures en effet… Mes voisins, d'un ton assuré, murmurent : « C'est très beau ». Il vaut mieux désormais que Luigi Alva évite tout péril… On m'a dit – toujours les voisins ! – que son récital de l'Athénée fut une perfection. Le vilain Rintzler, au contraire, très assuré. Le bœuf dirige tout cela de sa patte habituelle, pas mon genre, mais grand métier et cela se défend, cette certaine idée des choses non dépourvue de cœur, mais l'étincelle ?

19/5/80
Garnier
*L'Enfant et les sortilèges – Œdipus-Rex*
Direction : Cambreling ; même distribution que le 15/6/79
Athénée
Récital Magda Oliviero

Irrésistibles moments : Taillon sortant sa tête grimée en « japonaiserie » de la tasse à thé… L'instant de jazz qui nous transporte dans un autre monde soudain…

« *Saonara…* » chante Taillon. D'où Colette a-t-elle tiré ce Saonara qui est le nom d'une campagne près de Padoue où Pia Valmarana invitait Rilke ? (Le nom vient d'une fabrique de savon).

Aperçu Viorica-Jocaste (qui m'assure ne rien croire aux oracles) alors que je flâne pendant l'entracte dans les loges pour complimenter les héros de l'*Enfant* puis file vers l'Athénée prendre en route le récital Magda Oliviero – sans doute un vieux disque grésillant ?

Mais non : le public ne rit pas, n'éclate pas de rire. Ne se secoue pas de rire, ou de chagrin. Il applaudit : « Brava ! Brava ! crient les tantes espagnoles – Mais, qui donc l'avait vue avant ce soir ? Je ne l'avais jamais entendue.

« Cela fait un peu Taxis de la Marne ! » me souffle François Valéry… Voici la pianiste qui revient seule. Elle et Magda, c'est un vieux couple…

Rédé et Marie-Hélène apprécient beaucoup : les souvenirs !

Ce vieux débris fêlé ne prononce même plus les mélodies… Un petit Méridional dit à son voisin : « Il y a deux ans, c'était superbe ! » (?)

Elle arbore encore un décolleté lisse et blanc, son œil, dans un halo gris de khôl très lézardé, paraît assez clair… Ce serait un vrai numéro de burlesque tout à fait poétique si Magda Tagliaferro l'accompagnait. Enfin, bonsoir.

29/5/80
Garnier
Récital Mirella Freni
Au piano : Paola Molinari
Giordano – Mozart – Rossini – Verdi – Verdi – Duparc – Fauré – Charpentier – Rachmaninov…

De mon lit, je vois la lumière au cinquième étage, chez Mirella Freni et Ghiaurov… Hier soir, les fenêtres, sous les toits, étaient allumées. J'ai couru chez la marchande de fleurs du coin de la rue, sauté dans l'ascenseur, posé le bouquet devant la porte en sonnant et suis redescendu chez moi. Après cinq minutes, téléphone : « Missieu Claussel ? Jé souis soure qué jé dois vous remercier, il n'y a qué vous pour un geste aussi délicat… » etc.

Chère courageuse voisine ! Courageux, en effet, de chanter « *E Suzanna non vien…* » si peu de temps après Margaret Price, et, comme cela, d'entrée, avec un sec piano – Vraiment sec celui-ci. Elle est très bien : grande robe-voile blanche sur laquelle tombe une lumière grise… Mais trop « coiffée » et bijoutée… Si heureuse et vive qu'elle devient jolie… Gestes justes.

Rossini : récréation dans cette séance de théâtre, qu'elle donne en actrice consommée. Plus grave Verdi, sur la même lancée…

Mais, ni elle, ni son répertoire ne s'accommodent d'un piano : il manque le décor musical d'un orchestre. J'admire sa perfection, son métier : diction, intention, ligne de chant maîtrisée, puissante. D'un grand style ! Parfois inégale : Fauré difficile pour un tel tempérament, *Louise*… pourtant ? Quelle merveilleuse histoire ! Beaux bis : *Adrienne Lecouvreur*, *La Fille du régiment*…

7/6/80
*Boris Godounov*
Moussorgski, orchestration de Chostakovitch (Raytcheff ; Losey ; Aillaud ; Raimondi ; Gall ; Christine Barbaux ; Anna Ringart ; Riegel ; Blanc ; Meven ; Ochman ; Viorica Cortez ; Soyer ; Haugland ; Burles ; Jocelyne Taillon ; Sénéchal…)

Une immense couronne de tzar occupe la scène abritant l'orchestre qui scintille de tous ses instruments… Dans cette œuvre, en effet, l'orchestre a le plus grand rôle. On ressent un peu d'agacement que cette disposition scénique oblige le chef à tourner le dos aux chanteurs. L'invention est un art difficile.

Décors et costumes paraissent faits de papiers de chocolats : du doré et de l'argenté.

Riegel ressemble au Balzac de Rodin – pure coïncidence. Très vite, on est agacé par ce décor pareil à une maquette d'architecture. Est-ce l'agora

d'Evry ? Une « ville nouvelle », rien de russe. Malgré l'énorme bulbe doré – écrin d'or de la couronne des tsars – il manque l'assortiment des mystères, des draperies, des joyaux. Le deuxième tableau copie l'apparition de Saint Augustin. Cela produit une image vraisemblable, peuplée de foules en mouvements bien rendues. Mais… on s'ennuie ! Malgré les artificielles distractions : ridicules costumes de Raimondi – Méphisto au Casino de Paris ? Faut-il louer cette disposition scénique qui rapproche les chanteurs du public et peut rendre plus présente une action qui nous concerne si peu ?

La bonne direction – malgré les écrans interposés où les chanteurs guettent les indications du chef – met les voix en évidence. Bien sûr, les puristes jugeront Raimondi trop « verdien », Cortez, criarde et « flottante ». Mais s'agit-il de juger une voix ou de mesurer l'usage d'une langue ? Et puis, ça n'est pas aussi simple ! J'aperçois ces pauvres héros cherchant leur berger sur les écrans répartis sur scène, ici et là, comme des tabourets. La musique passe au-dessus de leur tête, les couvre, on sent qu'ils se pilotent à la godille : tous ces artifices sont impardonnables.

Deuxième partie beaucoup plus intéressante : il se passe quelque chose enfin.

*Les noces*
(Mackerras ; Van dam ; Popp ; Janowitz ; Von Stade ; Berbié ; Bacquier ; Montarsolo ; Bastin)

Triste reprise ! Ils n'en peuvent plus. Bacquier essoufflé ; Janowitz, une survivance – voix métallique, jeu nerveux ridicule…

Quoiqu'un peu raide, Von Stade fait un Chérubin magnifique. Bastin invraisemblablement gros est devenu jardinier. Popp plutôt en beauté… Mackerras s'en fout : à l'ouverture, des choses inadmissibles. Les mélomanes ont sifflé.

Ah ! Je ne suis pas prêt d'oublier Price : Janowitz est un tambour-major. Peut-être Solti subjuguera-t-il davantage cette écurie de vieux coursiers ? Plaisants entractes : dadames guettant les baisemains, tout le gratin du *Cercle Carpeaux* s'apprêtant à dîner au Foyer de la danse… Ce qui explique l'abominable odeur de cuisine qui emplit la salle. Mais notre cher Secrétaire Général auprès duquel je m'en inquiète, pour ne point trahir ses amis « de la haute », met cela sur le compte du rata des pompiers…

20/6/80
Garnier
*La Bohême*
Puccini/Giacosa et Illica
Turin 1896
(Santi ; Domingo ; Bisson ; Roux ; Kiri Te Kanawa ; Krause ; Soyer ; Wilhelmenia Fernandez…)

Toujours le même don magnifique chez Placido : elle est sa Mimi ! Un petit sourire contrit, si doux souligne le final de son premier air… Parfait pour arracher une larme aux cœurs sensibles – dont le mien… et même aux autres.

Santi, dans tout cela, patauge avec sang et larmes… Évidemment, ça n'est pas le comble du raffiné, mais il y a tant de façons d'avoir de l'esprit.

Meilleures que mercredi : Gundula toujours aussi acide mais moins nerveuse. Oh ! Ce ne sont que détails tant triomphe la beauté qui nous captive au travers de ces flux et reflux du cœur…

28/6/80
Garnier
*Les noces*

Je me sens si heureux dans la scène du jardin, lorsque Figaro reconnaît Suzana sous le manteau de la Comtesse – après l'inquiétude de la jalousie. Quel plaisir délicieux, ces coups d'éventail reçus de la bien aimée !

Chérubin ressemble décidément au Gilles de Watteau.

Bacquier tend le mollet le plus qu'il peut, mais il est difficile d'oublier combien il a vieilli. Je suis allé le voir dans sa loge après le spectateur. Il frictionnait énergiquement son poitrail couvert de crin gris, son bon regard reconnaissant de ma fidélité. Il me connaît bien et s'écrie : « Depuis Aix ! ça fait du temps, bien longtemps ! C'était mon premier Comte.

– Vous êtes Comte pour la vie ! »

Il me regarde, visiblement ému et, de sa grande gueule bitteroise répond : « Eh ! Oui, pardi ! Et c'est vous, mon public, qui m'avez an-nobli ! Alors : Merci ! »

Ce soir le cher public ne laissait s'achever aucun des airs sans applaudir.

L'art est le seul miracle dont je puisse témoigner. Crespin, Bacquier, tant d'autres que l'on croiserait à la ville sans du tout soupçonner leur capacité à devenir leur contraire. Dans le roman ci-dessus déjà cité – qu'on me pardonne ! – j'ai déjà raconté la scène où ces deux compères, dans les coulisses de l'Archevêché, par-dessus les cloisons de séparation de leurs loges aussi exiguës que des stalles de poneys, s'invectivaient en riant. Un couple de jeunes gens très maniérés sortait de chez l'un pour chez l'autre. Ils n'avaient pas tourné leurs bottines vernies que Crespin hurle à Bacquier : « Gabriel ! T'as vu les chéries ! Qu'elle est celle qui enfile l'autre, tu crois ? » Merveilleux de penser que ces personnages truculents s'anoblissent ainsi par la grâce de Wagner ou Mozart. Je me suis demandé par quelle coïncidence ces talents ont pu voir le jour : à Béziers, patrie de Gabriel, il était un mécène, Castelbon de Beauxhoste – Quel joli nom ! – qui fit construire les Arènes, à la fois pour l'opéra et la corrida. Il admirait par-dessus tout Saint-Saëns, lequel refusait de lui donner une œuvre, se récriant : « Jamais je ne ferai de musique dans ces temples du sang ! » Mais il finit par accepter l'invitation, visita les arènes et y créa finalement son *Prométhée enchaîné*. Puis, chaque année, il donna à son ami un nouvel opéra. Ce fut là, certainement, l'origine de la passion de notre Comte Gabriel.

Ce ne sont que des chansons d'amour : on pourrait imaginer une distribution avec Piaf, etc. Le sanglot, la main sur le cœur sont bienvenus… Et on est obligé d'y croire : ils sont géniaux !

8/7/80
Garnier
*La Bohême*
idem

L'hippopotame écrase un peu tout sous sa patte mais cette vulgarité n'est pas un défaut si on prend le parti ci-dessus décrit – le parti du cœur ? Inoubliables. « *Addio, addio, sensa rancor…* »

Combien de fois, dans notre vie personnelle, devrions-nous chanter cela – et aussi bien.

9/8/80
Garnier
Dir : Solti,
idem

Reconstitution des *Noces* qui ouvrirent l'ère Liebermann au théâtre de Gabriel à Versailles, puis à Garnier comme il est dit.

Van Dam et Von Stade (!) relèvent cette reprise historique dont les héros accusent le coup. Relèvent la merveille.

Solti – Je lui trouve tant de défauts dans Mozart ! – rend la musique indiscutablement présente.

Pauvre Gundula : son *Porgi amor* ne se termine pas en beauté.

Entractes tout autant historiques : Liebermann défile, s'inclinant, souriant aux unes et aux autres : un prince traversant sa galerie de courtisans et de pratiques… Certains applaudissent… Il s'incline de façon plus marquée devant les maîtresses de maison dont il fut l'hôte, les dames Rothschild, les princesses, les ministresses… Les gens excités sautent les uns sur les autres : les départs, les adieux, les rendez-vous de l'été…

Notre cher Secrétaire Général fait circuler Marie-Christine de Bourbon-Parme, assez bonne amie que je complimente sur sa robe parme « – De Paris ! » assure-t-elle fièrement. Je l'aurai plutôt crue viennoise, des années soixante. Elle arbore là-dessus la parure de diamants de la duchesse de Berry et les boucles de Marie-Antoinette.

Je me moque de tout ce beau linge mais suis pourtant presque triste de ne point être convié à accompagner ma copine viennoise au souper de l'hôtel Lambert.

La princesse devait me confier bien plus tard qu'une pierre s'était dessertie d'une des boucles d'oreilles et que Gall avait pu la récupérer dans la moquette sous le siège, juste avant l'aspirateur. Décidément, que d'émotions !

Ainsi donc prit fin l'ère Liebermann.

Après mon séjour de juillet à Venise, suis passé par Vérone pour la *Carmen* de Viorica Cortez (Michel Plasson) et l'*Aïda* (Maria Chiara) dirigée par Santi. De là, j'ai grimpé jusqu'à Salzbourg et, malgré l'effondrement d'une montagne sur la voie ferrée, suis arrivé à temps pour l'inestimable *Aïda* de Mirella Freni, dirigée par Karajan. Après une cure délicieuse (la *Flûte* par Levine, l'*Enlèvement* par Maazel, *Ariane* par Böhm, etc.), j'ai séjourné à Duino où Mihaï de Brancovan réchauffa quelques soirs le piano qui fut celui de Listz…

Cette cure de châteaux et d'amitié – comme si j'attribuais aux beaux décors de favoriser les grands sentiments ? – me procura les souvenirs nécessaires à toute rentrée. Le 16 septembre, je retrouvai mon cher Palais Garnier et l'enthousiasmant lyrisme barbare de *La Femme sans ombre*, (Dohayni, Lehnhoff, Zimmermann ; Hildegard Behrens, Kollo, Schunk, Gwyneth Jones, Danica Mastilovic, Mignon Dunn, Berry.)

Quel bonheur, mon nid de velours rouge !

Avec Strauss, on se reproche de se laisser emporter par autre chose que son esprit : un concentré de germanité qui répugne et fascine à la fois.

Dohayanni est étincelant : il cisèle tout ce qui pourrait être ronde-bosse…

Les voix ne prennent pas ici le côté paroxystique d'*Electra*, l'équilibre caractérise chacun des airs.

Le décor n'a pas vieilli : les changements s'effectuent dans des ombres mouvantes pendant que la musique se déchaîne. Déferlement de noirs, de bruns, de bleus sombres. Il est certain aussi que cela reste marqué par le goût – la mode ? – d'une époque. Aujourd'hui, on ferait autre chose. Bah ! la mode…

19/9/80
Garnier
*La femme sans ombre*
dir. : Christoph von Dohnanyi

Je ferme les yeux et savoure ce sens suprême de l'harmonie… Il existe un achèvement dans la perfection qui entraîne vers la rupture : on se trouve au bord du drame, en éveil, vivifié.

Grâce à cet art, le livret le plus troublé, le plus ésotérique, devient une histoire dont on ne saisit pas tous les contours mais qui nous fait vibrer, ouvre notre cœur à une autre compréhension. Ce pourrait être là une nouvelle traduction de *La Flûte* ? Il faut voir dans cette œuvre comme une dépendance de *La Flûte*. Je devrais trouver la patience de chercher les racines communes dans l'écriture de chacune de ces œuvres.

Les origines juives de Hofmannsthal peuvent-elles se ramifier sur l'idéal de la Maçonnerie ?

Il y a huit ans, Boëhm nous faisait pleurer. Encore subsiste – reconstituée – l'harmonie entre la fosse et le plateau chauffé par une supérieure exaltation.

8/10/80
T.C.E
London Symph. Orchestra
Claudio Abbado
Stravinski

*Jeu de cartes* Cela nous arrive de ces musiques de villes d'eau dont on retrouve les échos quelquefois dans Malher : des gens qui se promènent sous la colonnade de Karlovy-Vary… Et puis, il y a les immenses emprunts d'inspiration classique – comme si une locomotive à vapeur traversait Beethoven ou un champ de pommiers…

Une citation rossinienne dessine le mouvement. Voilà le mot : il s'agit de mouvements, de cadences, de courts-circuits, de pas ; il faut employer ici le vocabulaire de la danse.

*L'Oiseau de feu* :

On entend enfin *L'Oiseau de feu* ; les images sont plus fortes, elles jaillissent de la musique qui n'est qu'images… (cela ne veut rien dire ? Et pourtant !)

Visage christique d'Abbado. On l'écoute, cœur et esprit ouverts. Le final est aussi beau que le rideau de l'opéra, tombant.

*Petrouchka* ;

Que c'est joli, mais que c'est joli ! Abbado prend le rôle de Noureev qui fut mon dernier Petrouchka – si bouleversant.

Peut-être faudrait-il ajouter un peu d'« illustrations », quelquefois, cela semble *secco*…

Malgré tout le dévouement d'Abbado, cette musique n'est pas écrite pour un concert.

(Est-ce le fait du déplacement, de pertes de valises, de je-ne-sais-quoi ? l'orchestre est composé de clochards : Ah ! Ces Anglais…)

14/10/80
Champs Élysées
Pollini
Debussy, Berg, Schomberg, Bartock, Stravinski

Eh ! Oui, bien sûr, je préfère les *Préludes*… Mais lui, Pollini, devient un Romantique ; le voici qui chante Berg. Et cela signifie tellement, de sa part, chanter ! Quel élan pour chaque note. Montagne, gouffre profond… pas un arbre, jamais. Il n'y a plus la rivière. Debussy…

Bartock, virtuosité. Cet homme ne craint aucun péril, il est tout soumis à la musique comme un bûcheron l'est à sa forêt. Et ces pièces ne sont que pour chauffer un peu sa main : *Pétrouchka*, des étincelles ! Encore plus beau que la version du Huit. Là aussi, une force, une volonté de bûcheron. Et je vois bien pourquoi les amateurs de poils sur les œufs font la fine bouche. Pollini est la perfection.

15/10/80
Garnier
*Dardanus*
Rameau, Paris, 1739
Leppard, Lavelli, Bignens
Iphise : Frederica Von Stade ; Dardunus : Georges Gautier ; Zanténor : Michael Devlin ; Teucer : Roger Soyer ; Isménor : José Van Dam ; Venus : Christiane Eda-Pierre.

Les gens de ce soir se souviennent tous des *Indes Galantes*, alors, évidemment, ils sont déçus.

Il y a un côté gadget : les bandes Velpeau qui se déroulent, libérant les héros et leurs comparses ; les cloisons percées de lumières qui font mal aux yeux ; le noir et le rouge du décor…

Il y a aussi le beau : l'arrivée du char, les guerriers noirs, les départs des groupes, les mouvements des couples… Magnifique musique.

Difficile de juger les voix, ce soir de générale, Von Stade décevante : elle ne prononce pas, tout très fragile – fatigue ?

Première partie (« *Quel triomphe…* ») : des danseurs nus dans des cages

de verre, un peuple gris, des oiseaux qui ressemblent à des jouets du *Nain Bleu*… Le morceau de danse assez juste…

Soyer n'existe plus. Je croyais qu'il « marquait », on me dit qu'il chante. Triomphe de Van Dam : il domine de très haut, aisance en tout. Devlin pas mal dans le genre robinet d'eau tiède : n'articule pas, ce qui, pour cette musique, constitue le plus grave défaut. Il paraît que personne ne lui apprend.

Dans la deuxième partie, les gadgets se sont calmés mais alors on peut se poser quelques sérieuses questions quant à la mise en scène : quel moyen terme souhaiter entre « laque noire » et « casque empanaché » ? Bien sûr, à partir de l'apparition de Vénus, s'installe une magnifique atmosphère poétique, évocatrice d'un monde magique où se rencontrent les hommes et les dieux.

Il nous faut encore, à la fin, digérer un monstre gonflable encore plus laid et ridicule gonflé.

20/10/80
Athénée
Leyla Gencer
Au piano : Edoardo Müller Chopin, Bellini, Donizetti, Rossini.

Nous la retrouvons « à l'automne de sa vie ». Beaucoup de « façons », un beau masque, des mains parfaites, très expressives. Elle fait assez vieille Turque – ou Libanaise « chic »...

Donc, très automnale au début : le polonais n'est pas pour elle ; puis, se réchauffant dans Bellini et redevant sultane à partir de Donizetti. Excellente diction des « *Billets d'amour* ». Elle file quelques jolies notes pour prouver qu'elle existe encore. Pas du tout ridicule, plutôt beau, en tout cas pas « musée ».

La salle est conquise. Il faut regretter que Paris l'ait ignorée ou qu'elle ait boudé Paris... Était-ce aussi « grand » que Maria ? ou aussi musical que la vache espagnole ? On ne peut guère la juger que par des enregistrements pirates. On m'apprend qu'elle n'a que 52 ans ?

Bonne soirée ; *La gondola*, que c'est joli !

17/11/80
Athénée
Christiane Eda-Pierre Christian Ivaldi
Haendel, Mozart, Liszt, Ravel.

Un imbécile est venu nous prévenir que : « *Madame Christiane Eda-Michel offrait son cachet à l'œuvre des lépreux.* ». La voici, ma gracieuse amie, le rossignol de mon cœur, accompagnée du mongol préféré...

Elle attaque dans les étincelles de *Giulio Cesare*, puis deux amusements de Mozart – jeux divins, enfin, Liszt, avec lequel elle devient grave. Je la retrouve dans son épanouissement, tendue, chargée de signification et de dons. *Lorelei* comme je ne l'ai jamais reçue : immense émotion qu'elle nous assène, poing fermé, avec Ravel. Vivacité jolie car on est obligé de constater que cela ne tient pas après Liszt. Bon, on est entré dans un autre monde, on oublie Liszt, c'est Debussy ; je m'y plonge, je m'en délecte, j'en perçois les ombres, les touffeurs… Le côté lancinant des peines de cœur, la recherche d'un sourire… Enfin, la vie ! Deux poèmes de Poulenc ; d'Aragon, *Le pont de Cé* ; de Louise de Vilmorin, *Il vole* ! « *Où est le bonheur ? Il vole* ». En effet.

28/11/80
Gaveau
Régime Crespin
Au piano, Irving Cage
(Schumann, Debussy, Satie)

Sa robe noire à losanges de velours serait parfaite pour *La Diva de l'Empire*, de Satie. Bien sûr, elle est vieille, c'est émouvant de la voir ainsi en nage, et pleurant. Bien sûr, elle jette sur la salle des regards très commerçants, mais quand on possède un tel décolleté !

Bien sûr les aigus si stridents ne correspondent pas à Schumann mais elle est par ailleurs si meurtrie que ces aigus ne sont plus que des blessures. Satie est si rigolo ! Ses mains ligneuses font de beaux dessins sur sa robe « *Crois mon avis, chère Chimène* », elle est une grande artiste, une vraie tragédienne. Voyez dans *L'amour et la vie d'une femme* comment elle pleure, les yeux se rougissent et le Rimmel ne coule pas. Elle est en nage, l'encolure mouillée, les mains expressives, la bouche tendue, l'œil vert intense… Je reste confondu : l'art dépasse encore la nature.

9/12/80
Garnier
Barbara Hendrix
Irving Cage
Strauss

L'aspect sociologique de Garnier m'intéresse ce soir : il existe les soirées « entre-soi » – récitals, galas, abonnements – et… le reste, ceux qui suivent… Cela durera bien cinq ou six ans, on pourra leur donner à voir ou à entendre n'importe quoi – il faudra qu'on en ait parlé à la télé. Ah ! Cette bonne télé, Et tous ces braves gens qui viennent applaudir… Ce soir nous nous trouvons tout à fait en famille… Toujours les mêmes. Eh bien j'ai envie de fuir ! Et d'aimer quelqu'un qui m'empêcherait de piapiailler avec ces masques.

Il me semble qu'il y a deux choses dans Strauss : l'harmonie et le lyrisme. Cette petite si gentille a bien pipé l'harmonie : sensibilité, musicalité, science… Mais le lyrisme échappe, il lui faudrait plus de viande, plus d'expression, un poids de malheurs subis. Tout est rose pour elle.

Mais elle est si intelligente qu'elle se sauve de la famille des robinets d'eau tiède…

Quel sourire ! Ses grosses mains pourraient exprimer davantage au lieu de rester collées sur ses cuisses. C'est bien cela : cet oiseau a de grosses mains. Eh bien, il faudrait lui apprendre que de grosses mains constituent une chance pour les chanteuses lyriques auxquelles on peinturlure de gros yeux, de grosses bouches…

Elle est charmante ! Fort bien accompagnée par Irving Cage qui devient le préféré de ces dames et essaie, sans y parvenir encore, à singer l'ineffable Geoffrey Parsons.

19/12/80
Pleyel
Birgit Nilsson
Dir : Levis
*Le Vaisseau fantôme* : Ouverture, chœur des fileuses, chœur des matelots.
*Le Crépuscule* : scène finale
*Tannhaüser* : chœur des convives
*Lohengrin* : prélude, acte II, scène I, cortège de l'église
*Salomé* : scène finale

Je m'amuse à observer ces gueules de tarés – choristes, public – qui vont recevoir les décharges d'adrénaline de ces musiques « Le Va-la-la » comme me souffle mon voisin Jean Fontaine.

Elle apparaît. Mon dieu, elle est assez sensationnelle : présence, aigus triomphants – de ses 63 ans – Robe mauvasse plissée à mort avec des dégueulis de perles en polystyrène (?) expansé (?)…

Elle en fait plus que beaucoup d'autres : un vrai métier. Je comprends qu'elle discute âprement ses contrats.

21/1/81
Garnier
*Peter Grimmes*
Britten
Londres 1945
(Pritchard, Moshinsky, O'Brien, Berry ; Wells ; Luxon ; Jane Berbié ; Éliane Lublin et Marie-Christine Porta ; Olivier ; Best ; Jocelyne Taillon ; Sénéchal ; Quilico ; King ; Delaunay)

*Peter Grimmes*, drame de l'exclu. L'exclu est celui qui cherche son identité. Au troisième acte, il appelle encore la foule : « Peter Grimmes ! » Prouesse du chanteur et de l'acteur – même si, définitivement, il marche sur des œufs ! Que d'émotion il provoque.

Disons que cette musique est « réaliste » puisque nous ressentons très nettement sa provenance et ce qu'elle dépeint : un petit port peuplé de pauvres gens bloqués. La datation « début du siècle » n'y est pour rien, cela pourrait être pire aujourd'hui : que de drames de la réputation dans nos petites villes (Une fille prof vient de se suicider à Aix en Provence à cause d'une liaison avec l'un de ses élèves).

On reconnaît l'institutrice, la bistrote au bon cœur, les nièces polissonnes et emplumées, la méchante veuve, etc. L'action, se déroulant dans un peuple de marins, devient encore plus dramatique.

Très belle direction qui fait aimer cette musique à l'orchestre. Cela s'entend !

L'ensemble chanteurs et choristes est tout aussi superbe ; à la fin, les choristes emplissent la salle, seule originalité de cette mise en scène honnête…

Je me suis posé une seule question : que fait donc Peter Grimmes, au baisser de rideau du 2e acte avec ce petit garçon ? Et pourquoi baisse-t-on le rideau ?

Rysaneck et Pollini sont mes voisins.

22/1
(soirée)
Champs Élysées
Boëhm
Orchestre de Dresde
Mozart – *Symp. 34 en Ut Majeur* – Brahms – *Symp. n° 2 en Ré majeur* –

Nous participons à un rituel : le triomphe de l'amour, pourrait-on dire. Amour de la musique et du Maître vénéré.

Près de Mozart, le sang reflue dans ses veines, la main tressaille, les doigts se dressent sur les solistes dont il attend l'étincelle et le feu embrase l'orchestre.

Il ressemble de plus en plus à un vieux perroquet tout desséché sur son perchoir, les jambes recroquevillées sous le haut tabouret, entouré d'une barrière afin d'éviter le pire… Il est comme un misérable infirme, tout tassé mais son esprit flamboie pour nous emporter très loin de cette terre vulgaire, très haut !

Dans Brahms, nous voici plongés dans l'exacte couleur romantique, avec l'exacte mesure de nostalgie dans le second mouvement, après les trouvailles étonnantes de modernité de la fin du premier mouvement…

Vaste mouvement cinématographique, larges couleurs, plénitude plus que vibration doublée d'un climat dramatique provoqué par les cordes effacées. Un Brahms inoubliable.

29/1/81
Garnier
*Peter Grimmes*
Idem

Je me demande toujours pourquoi ces gens paient le double à cause de l'étiquette « *Gala* » ? Le public est ce soir particulièrement horrible, parsemé de voyous en blousons de cuir, même pas beaux, de femmes à chapeaux comme pour la grand-messe à Rennes… Et pour ma part, je dois supporter les masques habituels et rate mes copines chéries… Le troisième rang d'orchestre n'est composé que d'hommes, chacun avec sa chacune.

Question musique, c'est parfois joli et même beau, mais tout de même pas *Lulu*, quoiqu'on y puisse penser…

J'accompagne Jeanne Voilier, fidèle amie du compositeur, qui, pendant la symphonie de Dutilleux, murmure à mon oreille : « Ce qui me rend triste, c'est que je ne serai plus là pour vos 80 ans ! »

30/1/81
Gaveau
80e anniversaire d'Henri Sauguet
*1er Symphonie* de Dutilleux ; *Concerto d'Orphée pour violon* du Maître fêté ;
*Escales*, de Jacques Ibert ; *Joyeuse marche*, de Chabrier

C'est ce que l'on appelle de la « musique moderne », comme on dit de ces meubles en chêne clair des années 50-60. Je n'ai jamais beaucoup aimé, cela peut avoir « un genre » et être très apprécié… Ennuyeux et pratique, me semble-t-il : poignées de tiroirs chromées, pieds massifs ou trop effilés, massivité du corps de cette musique. Sur le plateau, l'auteur dispose quelques céramiques de Vallauris vertes, avec des citrons jaunes et, avec des références – ou des souvenirs – et de l'imagination, on passe une très bonne soirée musicale.

Le pauvre violoniste du concerto est un vieux caniche mexicain d'un certain talent mais rien de plus triste qu'un clown.

Le chef – J. Houtmann – est en nage pour tenir le genre d'orchestre que l'on promène dans les Maisons de la culture.

Pensées moroses au sujet de ces services musicaux que l'on croit rendre aux peuples des banlieues. Hélas ! C'est le meilleur qu'il faudrait donner à ceux qui ne savent pas.

Sauguet, de sa loge, contemple la salle de ses 80 ans. Sa gouvernante, à côté de lui, comptabilise les présents, amis, inconnus, voisins, fournisseurs…

La couverture du programme est un dessin de Jacques Dupont, l'« ami » du Maître – pas un très beau dessin.

12/2/81
Champs Élysées
Schönberg
Vienne, 23 février 1913
*Gurrelieder* (1911)
Dir : Ozawa
Jessye Normann, Siegmund Niemsgern, Hanna Schwarz, James Mc Cracken, Ian Caley, William Pearson

Encore une histoire d'amour difficile : le roi Waldemar recherche la petite Towe (Jessye) assassinée par l'amant de sa femme et pour laquelle il avait fait construire le château de Gurre…

Ozawa est incroyable, fabuleux : un noir moineau qui aurait l'esprit d'un chat – sacré ! – Beau dans chaque geste, dans chaque ombre de geste, ses cheveux comme ceux d'un *joggeur* américain font « floc-floc », se soulevant et retombant sur son front, il est tout acier, et toute tendresse, un feu de sensibilité qui nous réchauffe. Il n'existe rien de plus beau que d'observer les vagues frémissantes de ses mains.

Il danse avec tout cet orchestre qui accepte de se frotter contre lui, répondant magnifiquement à ses avances.

Jessye, toujours belle comme la mer – mais éprouvant quelques difficultés, Schwarz pareillement, les hommes assez bons… Mais enfin, dans tout cela, une tension, un lyrisme qui emportent.

On murmure qu'Ozawa ne dirigera plus, qu'il est très malade, des dames teintes en blondes murmurent le nom de la maladie : ce n'est pas possible, ce serait trop injuste.

14/2/81
Garnier
*Le Bal Masqué*
Verdi/Antonio Somma
Rome 1859
(Casadesus ; Sonja Frisell ; Arnould ; Katia Ricciarelli, Carreras, Danièle Perriers, Viorica Cortez, Duminy, Nucci, Thau, Dumont…)

Le rideau durant l'ouverture reste ouvert pour laisser voir la belle image lointaine du foyer de la danse vacillante et miroitante d'ors avec ses colonnes et ses lustres. Mais assez vite on flaire que l'on sera déçu…

Tout se déroule dans le noir, on distingue des bâtons fichés en terre, des planches… On va voir ?

Carreras, au début, paraît faible, voix voilée ; bel air de l'homme de service – Nucci – Perriers détestable de grimaces au vinaigre, Viorica belle sorcière qu'elle est… La Katia miaule, j'espère qu'elle chantera un jour…

Décor hétéroclite – dans le noir. Un morceau de toile peinte, une grille, des branches sur des passerelles de planches. J'oubliais la fumée ! Évidemment, la fumée…

Voici Katia un peu plus vaillante lorsque le roi est à ses pieds – Notre Don José produit alors quelques coups de gueule plutôt bons mais, reste ce voile quelque part dans le gosier ?

Duo très approximatif et nous voici au deuxième acte dans une panne d'électricité totale qui nous laisse distinguer une table de conseil d'administration. Katia toujours miauleuse, José plus vaillant. Je ne distingue pas le travail de l'orchestre dirigé « legerissimo », flons flons du bal au clair de lune… Pour Verdi, il faut choisir entre une imprégnation « Italienne » – avec dimension politico-mystique fidèle à l'histoire, et une cérébralité filtrante, desséchante, intellectuelle à tous crins – très éloignées l'une comme l'autre de la légèreté.

Bon, pas d'excuse : c'est très mal dirigé, le boulot est le boulot ! Ce Casadesus ne fait que du remplissage, il n'y a pas de réflexion – même à sup-

poser que mes théories soient chancelantes, il en est d'autres… Je m'ennuie. Je voudrais frémir, sentir… au moins de temps en temps, par intermittence, que les artistes se défoulent un peu, expriment des coups de sang, m'en procurent… Ici, rien !

Cette histoire de Gustave de Suède assassiné durant un bal masqué est un fait historique, mais alors pourquoi brouiller ainsi les pistes ? Transposer en Amérique, etc. À cause de la censure m'explique la dame de service qui sait toujours tout.

Le clou du dernier acte : on a dû oublier l'existence depuis tout à l'heure de la perspective du Foyer de la Danse. Aussi a-t-on installé au premier plan de la scène un portant reproduisant le fameux Foyer d'après une gravure

Napoléon III. Irrésistible pour mettre les gens de mauvaise humeur. Ce même portant lors du premier tableau du premier acte était un miroir, mais on ne pouvait guère s'en rendre compte étant donné l'obscurité ambiante : notion onirique du mime final.

À cause des masques et des musiciens sur scène, je pense au troisième acte des *Noces* ; pourtant, ici, tout nous traîne dans le ridicule : la mort haletante qui n'en finit pas – avec quelques belles secondes de musique criarde à ce sujet…

Le rideau tombe. Ces imbéciles viennent saluer, la Katia minaude, il y a des « Hou-Hou… », elle reste là et pointe ses doigts en envoyant des baisers, les « Hou-Hou » redoublent. Alors, M. Katia (Carreras) débarque sur scène en roulant des mécaniques et apostrophe : « Vous n'avez pas payé et vous êtes là, alors moi je vous dis merde ! » Monsieur Lefort s'approche et dit : « Ce sera la dernière Générale publique. » Quel peuple de domestiques ! Baste que ce soit la dernière Générale de l'administration de ces gens-là. Le soir de la première les gens hurlaient : « Liebermann ; Liebermann ! »

21/2/81
Garnier
3e représentation du *Bal Masqué*
*Idem*

Moment dans les coulisses. Allées et venues des chanteurs. M. Carreras est en scène, passe Mme Ricciarelli, pestant contre l'horreur de chanter en France. Sotte et antipathique.

Je me console en faisant le portrait très flatté de Viorica qui m'en remercie.

Durant l'entracte, les gens assurent qu'ils sont tous en progrès : « Ce qu'il manquait, c'est deux répétitions ! Quand il y a les critiques, les chanteurs se défoncent, etc. ». Car Lefort et ses acolytes ont décidé de ne plus convier les critiques pour la première. Pour moi, c'est toujours aussi déplorablement léger et médiocre. Nucci bon, dans le style « Bon métier-Scala », Carreras s'est un peu forcé dans son style coups de gueule.

Autre problème : cette œuvre se trouve dépourvue de grands airs. Il y faudrait donc de l'art, et non pas ces têtes de lard.

4/3/81
Garnier
*Don Quichotte*
Minkus/Petipa
Moscou 1869

Chorégraphie de Noureev

Rudolph est l'art ! Juvénile, gamin, roulant des yeux, décontracté, technique sublime.

Je m'émeus devant ce grand sourire enfantin, ces cheveux de premier communiant – alors qu'il les perd ! Et que de bonds encore, signes de bonne humeur. Tout cela si loin de sa vérité : âge, désespoir, solitude… Je l'aime profondément, il rayonne, quelle leçon !

À part lui, toutes ces mouches qui s'agitent m'ennuient…

26/3/81
Garnier
*LE GRAND MACABRE*
Ligeti
Stockholm 1978
(Howrth, Mesguich, Daydé)
Piet : Roderick Kating ; Clitoria : Éliane Lublin (ça va bien !) ; Spermando : Auphan ; Nekrotzar : Gottlieb (malade ce soir) ; Mescalina : Hélia T'Hezan ; Astramadors : Boris Carmeli ; Vénus : Danielle Chlostawa ; Bepopo : Marie Aruhn…

L'humour est aussi beauté. Quel humour ! Des clins d'œil à la musique – qui n'en bénéficie que rarement. Défilé magnifique de personnages : notre marche le long de nos vies… au milieu des décombres de l'Opéra. Ainsi, dans la deuxième partie, pendant que vocalise la chef de Gepopo, les héroïnes de l'Opéra sont rangées sur la scène dévastée : Lulu, Butterfly. Tosca, Lakmé… Les lumières caressent le décor animé de ces ombres… Il n'y a pas de drame : morceaux d'humour comme les conversations d'un dîner brillant, ponctué des bruits divers du service… Il est permis d'éprouver le sentiment d'une distraction, rien ne captive réellement, à dire cela pourtant on éprouve un remords : l'œuvre est belle, riche de sens… Sans doute vaudrait-il mieux la monter en version de concert ou dans une mise en scène « plate » ?

Premier tableau du deuxième acte : magnifique trouvaille d'un quatuor ponctué de grosse caisse. Le climat folklorique qui en résulte, peu à peu, prend une ampleur symphonique qui exprime… ? Là est le problème. À ce moment, les héroïnes d'opéra sont descendues sur scène et Jo l'Éventreur danse avec Buterffly, ce qui relègue dans la dérision cet exceptionnel morceau de musique. Réussite du décor dans le genre Grand Guignolet. Mais a-t-on besoin de tels débordements ? Je les juge facilités contrariantes. Enfin, il faut bien vivre notre époque : l'image, le « visuel », le télévisuel…

Trop de choses finissent par être perçues comme un insignifiant gaspillage. Mais cela reste un spectacle réussi. Qu'eût fait Chéreau ? D'un bout à l'autre de *Lulu* son couteau nous chatouillait tripes et esprit… Ici, on sait qu'il ne se passe rien et on espère inconsciemment que ce ne sera plus trop long.

On peut encore se faire un cœur très enfantin ou très aguerri et rire beaucoup à tous ces simulacres (nous en sommes aux *Réponds* de la liturgie romaine). Le baroque devient une fatigue – alors que dans une œuvre de clin d'œil comme celle-ci, il faudrait solliciter la complicité…

Ironie : Violetta meurt la dernière pendant que Vénus, nonchalante, se promène… L'apparition de Vénus au 1er acte constitue un tableau très réussi : elle descend des cintres sur une nacelle en forme de lustre d'opéra un peu esquinté…

Belles voix.

Mais ce qui domine est fait d'un sentiment de trahison. Que de trahisons nous subissons ! Importe-t-il tellement de trahir ou de rester fidèle à une œuvre ? On peut toujours recommencer, repenser, rebâtir… Les trahisons de nos vies sont sournoises, imperceptibles, permanentes, on meurt d'elles.

28/3/81
Garnier
*LE GRAND MACABRE*
Idem

Ce chef, Howarth, est décidément très séduisant. J'apprécie davantage : toute jouissance est un apprentissage. Toujours trop de gadgets (les coupes qui ne se vident pas, les personnages de cirque, etc.)

En tout cas, ce soir, j'entends ! Et je suis très perméable. De grandes beautés : des moments où la musique signifie un mystère, alors la lumière balaie la scène, les formes se dessinent. L'état de disponibilité dans lequel je me trouve me fait admettre ce soir toutes ces facilités qui m'avaient insupporté il y a deux jours.

« Ah ! je suis lasse ! Vénus, Vénus, es-tu là ?.... Vénus, ma vénérienne... » Parfaite diction de T'Hézan – Mescalina – Combien est juste, au fond, ce personnage esseulé, lorsque vient le soir.

Chostawa, Vénus aux cheveux courts assez réussie, voix sans intérêt alors que j'avais apprécié sa Véronique, à Favart...

30/4/81
Garnier
*DON GIOVANNI*
(Casadesus, Erlo, Raymondi ; Bacquier ; Lloyd ; Ahnsjo ; Brisson ; Ruth Falcon ; Felicity Lott ; Janet Perry...

Vocalises d'oiseau de Marie Aruhn, chef de la Gepopo...

Si l'on aime, on ne doit jamais être Elvire, on ne peut être à la fois Elvire et la Maréchale. Bon, pour ce soir, on nous sert une misérable copie à peine réchauffée de ce dont nous avons bénéficié. Et dire que l'on critiquait ! Alors, faut-il fuir ce grotesque ?

Même Raimondi paraît en deçà. Pauvres cheveux blancs de Bacquier... Les figurants, en revanche, ont tendance à faire de plus en plus minets – on voit...

Irène Aïtoff a réintégré son clavecin. Elle aura attendu son heure – elle me racontait à Aix comment Lili (Liebermann) l'avait chassée pour la remplacer par l'amie Reiss. Je ne sais si l'opéra y trouva bénéfice ?

J'en reviens à mes comparaisons favorites : mes déchirantes amoureuses, Elvire et Marie-Thérèse ; Elvire désespérée d'amour, la Maréchale tout

aussi abandonnée – et bien davantage puisque le poids du temps est impliqué dans l'abandon.

Jolie Zerline inconnue, ravissante fille, voix jeune…

Quelle tendre musique : ah ! Si les humains pouvaient connaître de telles réconciliations.

Ténor velouté à souhait, ou presque. Le public qui croit encore vivre ici de grands moments applaudit à tout rompre jusqu'au chef. Le style « Jeune Chef Français ». Ah ! Mais ! Anna ressemble tout à fait à une Alsacienne, Ottavio, à un Grand d'Espagne, enfin, n'importe quoi…

Tout est si décousu qu'il n'y a plus de progression dramatique perceptible : fot'le faire ! Même la musique est épongée. Niais automates. Grands guignolesques comparses voilés de crêpe chargés de flambeaux et de fleurs…

L'opéra en juillet ferme pour cinq mois. Rouvrira-t-il ?

Voilà la Falcon, l'Alsacienne, qui chante faux, ou plutôt, elle dégueule. Les musiciens sur scène déconnent aussi. Elvire implore, en vain, il se moque d'elle, autant qu'on se moque de nous. Et le public applaudit : il a vu le film !

6/5/81
Premier concert après l'élection de Mitterand
Châtelet
*Ercole amante*
Cavalli (1603 – 1676)
fait pour le mariage de Louis XIV
Dir : Corboz

Je ne supporte plus les décors. Vivement que tous ces théâtres soient ruinés.

Le choc fraise-saumon passé, on écoute enfin la musique, très bien nouée. On dissèque les voix plus ou moins charmeuses… Très vite, on s'ennuierait mais de charmantes trouvailles interviennent pour nous amuser, les hautbois se mettent à chanter, Hercule est beau… Oh ! Oui, ce doit être bien embêtant de perdre sa puissance amoureuse…

Mes ondes négatives proviennent des artifices de ces pantins, du caractère « survivance » de cette musique, de ces situations qui ne me concernent pas du tout et ne me touchent pas. Il n'y a pas de sang, pas de nerf, c'est du remplissage. Alors, on détaille et, comme on estime qu'il est impossible de se déplacer pour rien, on finit par découvrir quelques jolies choses ici et là.

Autour de Felicity Palmer, adorable, des dindes se dandinent lourdement – mise en scène signée Erlo.

Entracte très politisé. On entend : « Nous, en tant que Banque étrangère… Il a dit qu'il nationaliserait… » etc.

Quelques vieux trumeaux défilent en souriant : ils avaient pris leurs précautions ! Lucienne Couvreux-Rouché s'établira plutôt à Genève qu'à Venise, Yvonne Fourcade, creusée de soucis, évoque la consolation des systèmes si « l'on n'aime pas l'homme… »

18/5/81
Garnier
*Turandot*
Puccini/Adami, Simoni
Milan 1926
(Ozawa, Margarita Wallmann, Dupont ; Montserrat Caballé, Léona Mitchell, Sénéchal, Thau, Giacomini…)

Je ricane de tous ces paroissiens giscardiens apeurés. Vaccinés par les loups, ils pourront bien supporter les chacals. Je reprends ensuite mon train d'ennui, la fin est un peu plus dramatique, les voix se donnent davantage.

Nuages gris, bleus, roses, tâches, couleurs mouvantes des éventails, l'ensemble est un chef-d'œuvre de coloriste. On ne peut plus parler aujourd'hui de « trouvailles » de mise en scène car tout est très conventionnel – mais pas d'une convention d'ennui. L'harmonie règne, la beauté des gestes dans leur sophistication chinoise traduite avec humour, les mouvements des foules, cet irremplaçable sens du théâtre si proche de l'amusement.

Je suis toujours touché par l'aspect initiatique des œuvres : « Je veux risquer ! » chante Calaf...

C'est aussi une trouvaille dramatique de ne faire apparaître Turandot qu'au milieu du deuxième acte.

Son image éthérée aperçue au début dans les calques mauves de Dupont sera démentie par son arrivée : Caballé !

Après des super-rations de défilés de danseuses voilées et de guerriers beaux comme des scarabées, armés d'arcs, brandissant des étendards dentelés, voici l'intouchable déesse.

L'artifice est loin devant la nature : elle paraît mince, vue de face, depuis la loge entre colonnes...

Elle chante, c'est beau. Grands aigus très longs qui conviennent si bien au rôle – faiblesse du médium, ma !

Les réponses ne me concernent guère : l'Espérance ! le Sang ! Turandot ! « Vincero ! » raté par ce Giocomoni...

Aspects démodés de la mise en scène ; par exemple, pour le duo avant le baiser : tous, bras levés ! Grotesque.

On a ajouté un gros nœud doré dans les cheveux de Caballé...

4/6/81
Palais Maillot
Orchestre de Paris, Barenboim,
Jessye Normann.
Debussy, *Images*; Mahler *Larmes*; Wagner, *Mort d'Isolde*, décidément, tellement entendue que, même si c'est sublime, on n'y croit plus !

Je me plais chez Debussy : cartes postales colorées et fanées, exactes intentions… Charme des moments et assemblage de ces moments divers… Blessures du cœur assez légères pour qu'on n'en ressente plus qu'une douce nostalgie. Et je puis me murmurer : est-ce de moi qu'il s'agit ?

Tendresse proche de l'ironie de cette musique. Mains sensibles de Barenboim…

10/6/81
Gaveau
Jessye Normann,
Geoffrey Parsons
Wolf, Malher, Chausson, Offenbach

Mots doux cruels de la *Chanson perpétuelle*, mots qui peuvent être des chagrins…

« Le temps des lilas et le temps des roses ne reviendront plus… Le temps des lilas avec notre amour est mort à jamais. »

Quelle beauté, cette femme ! Je la vois à la toucher. Quelle sympathie ! « Merci, merci », dit-elle en roulant ses yeux et en souriant – comme si c'était à elle de prononcer ces paroles.

Quel chagrin aussi de ne savoir la dessiner : je suis perdu dans ses proportions. Cette bouche, cette arête de nez, telle un soc, dont elle creuse, lime, polit le monde des sons… Parfois la langue pointue, darde, telle une flèche… Antropophagesque, certes… Mains caressantes qui affinent le vide… Lorsqu'elle ne chante plus, tout est vide.

Cette fin de saison, les musiciens de l'Opéra me parurent si fatigués que je préfère ne rien transcrire de *La Force du destin* – dir. Rivoli – non plus que du concert Bartock, Schömberg, Schumann – Dohanny, Anja Silja.

*Tancrède*
Rossini/Rossi d'après Voltaire
Venise 1813
(Ralf Weikert, Auvray; Pagano. Marylin Horne; Katia Ricciarelli; Magali Damonte; Sonia Nigoghossian; Gonzalès; Zaccaria; Aménaïde enfant: Fleur Pomié – Dommage que cette enfant n'ait pas de particule…)

À Aix-en-Provence, le *Tancrède* de Rossini constitua le seul morceau de cet été musical digne d'être sauvé:

Musique terriblement ennuyeuse, c'est-à-dire, cousue de fil blanc. Sentimentale. Ce peut-être une façon d'humour? Mais c'est long, long, long… Parfait décor troubadour bleu marine, superbes costumes.

Tancrède arrive sur une barque magnifique – moins délirante que celle imaginée par Pizzi pour la même Marilyn Horne dans l'*Orlando Furioso* du Châtelet.

Ici pas de mise en scène : défilés de guerriers plus ou moins symétriques, bras levés pour les arias.

Voilà que tout cela pleurniche : influence de Ricciarelli. Le public soupire d'aise et de nostalgie. (Le public : tantes et vieilles dames, dont les comtesses de mon déjeuner).

Sur scène, toutes ces dindes font leurs grandes roues vocales : Marilyn, incroyable de prestance dans son « faux jeu », la manucure (K.R.) tous volants dehors et bouche en berlingot. À telle dose que cela devient génial. Le public trépigne devant toutes ces prouesses vocales.

Dans ce luxe tapageur rien n'est plus beau que la tour de Saint Sauveur éclairée sous le ciel bleu marine. Elle représente une complicité réconfortante, un signe de beauté et de vérité.

13/9/81
Champs Élysées
Riccardo Muti
Mendelsohn, *Symph. n° 4*
Schubert, *Symph. n° 9*

Quelle grande amoureuse : il sait jouer les voluptés ! Vous savez, ces Italiens machos avec de gros culs de femmes…

Musique langoureuse et gaie à la fois, dommage qu'on abandonne un peu Mendelsohn… Après cette musique féminine, Schubert, dans le recueillement, offre son irremplaçable gravité.

21/10/81
Champs Élysées
Kurt Sanderling
Bruno Léonardo Gelber
Brahms, *Concerto n° 2*;
Strauss, *Vie d'un héros*

Régis Pasquier, 1er violon, arrive comme un vainqueur. En revanche, B.L.G est un nabot, une chose malsaine. Impression due au fond de teint qui tartine ses joues plus qu'à son infirmité – polio ? – Cet aspect vieille femme apparaît dans son jeu : il accouche dans d'horribles grimaces… Ah ! Certes, tous les pianistes ne peuvent avoir une belle mèche blonde qui permet à beaucoup d'entre eux de forts avantageux coups de menton… Ou descendre de l'Olympe comme Pollini le Bûcheron-Forêt…

C'est un caniche, un pékinois et ce *Concerto*, pour lui, constitue une épreuve. Ma méchanceté et l'émotion se combinent pour m'arracher quelques larmes : quelle sensible musique ! L'orchestre accroche ses gazes, ses éponges où taille le piano. Quelle beauté, quelle douleur ! Beauté + Douleur = Romantisme. Pour lui, je reste indécis. Si, si, si, à la limite extrême, c'est une grimace, cette théâtralité tragique n'est pas sûreté. Je ressens, lorsque je critique ainsi méchamment, que je suis terriblement injuste.

Chef parfait, violoncelle sensuel, je m'emporte dans la vague *romantica*, m'y enroule, la savoure…

Et je savoure aussi la douceur acide, vacillante et forte de Strauss.

26/10/81
Athénée
Christa Ludwig
*LE VOYAGE D'HIVER*
Schubert/Müller
1827
(au piano, Erick Werba)

Elle est un peu notre maman chocolat, on est sûr que ce sera très bon… Je me souviens d'elle y a si longtemps, à Vienne… Je l'ai même applaudie dans *Carmen*. Toujours belle leçon de musique, il y a de la chair, sa voix est un fruit mûr et parfumé.

Je suis venu rejoindre une amie, délaissant la voiture de ma chère voisine dont le chauffeur me proposait le passage. Pierre Bergé officie, debout sur le podium-guichet, pareil à un commissaire-priseur, il brade les places en appelant les gens qui s'étaient inscrits sur une liste.

Ah ! ce *Voyage d'hiver*, nous sommes bien dans sa saison sentimentale ! Je me pelotonne dans ses velours mordorés.

14/11/81
Th. des Champs-Élysées,
Gala de la Fondation Claude Pompidou où je suis invité par Suzanne Quoirez, meilleure et plus ancienne amie de Claude Pompidou.
*Le Chevalier à la rose*
Richard Strauss/Hugo von Hofmannsthal
Dresde 1911
(Davis, Hartleb, Frigerio, Kiri Te Kanawa, Federica von Stade, Moll, Helen Donnath…)

Une douce joie m'envahit et me transporte au rythme des trois temps de valse : je veux qu'on m'appelle Marie-Thèrèse. Quelques décalages : ce soir, Te Kanawa paraît plus jeune que Donnath – Sophie – de même que Von Stade, le joli Chevalier.

Entracte de gala : au troisième rang de la corbeille d'honneur, encore assez empruntée, accompagnée du Tartuffe favori, madame Lang, la ministresse, attend qu'un miracle lui arrange l'approche de Madame Pompidou. Comme elle est venue voici trois jours voir ce qu'elle pouvait tirer des installations de la rue Berryer où mon bureau est installé dans la salle à manger de la baronne Salomon de Rothschild, je mutine avec elle : « Nous sommes tous Marie-Thérèse une fois ou l'autre dans nos vies ?…. »

Elle n'a pas lu Hofmannsthal et ne comprend pas. Suzanne et moi, agrandissons le cercle autour de madame Pompidou. La petite rate approche pour entamer ses affaires, elle me montre sa « reconnaissance » d'un regard noir, perfide, qui me dit qu'il y a danger. Lorsque la composition du gouvernement fut établie, elle remarqua : « On est bien content d'être ministre. »

30/11/81
Champs-Élysées
*Sémiramis*
Rossini/Gaetano Rossi
Venise 1823
(Lopez-Coboz, Pizzi, avec Araiza, Ramey, Thau, et : Caballé-Horne !)

Le couple idéal. Il faudrait avoir la permission d'en rire mais, dans la ferveur obligatoire, on se ferait lyncher… Impossible d'émettre la moindre réserve ! Horne tout à fait à son aise, virile à souhait, Caballé ressemble à une grosse poupée de foire trop fardée et blafarde… Musique-flon-flon tellement creuse que j'en souffre un peu. Cela passerait mieux l'été : les vacances, Aix… Ici on est si peu touché qu'on en éprouve une certaine mauvaise conscience. Las de ce chevalier de pacotille et de cette vache corsetée, je suis parti avant la fin. On a lésiné sur les cordes et je l'entends très bien.

Génial Kurt Moll, Kiri Te Kanawa magnifique : elle nous envoie des rubans de velours. Par-dessus cette beauté, la musique dit le poids du destin, l'air que l'on respire, l'obligation de vivre, plaisir et douleur…

1/12/81
Champs Élysées
*LE CHEVALIER À LA ROSE*
Idem

Mise en scène trop appuyée – ce n'est pas le « Bouffe » viennois – l'orchestre trop réduit ne suffit pas à procurer le vertige qu'il faudrait.

6/12
Champs Élysées
*SÉMIRAMIS*
Idem

Le couple toujours aussi incestueux à souhait, si rigolo… Elles chantent tout à fait n'importe comment. La marquise qui m'accompagne profère de douces inepties du genre : « Caballé est ravissante avec ses cheveux blonds ! » Je la conduisis à la fin dans les coulisses contempler l'idole peinte comme un masque de théâtre japonais.

11/12
Garnier
Gala Maria Callas
Lopez-Coboz, Agnès Baltsa. Mozart, Rossini, Bellini, Mercadante.

Baltsa tendue et belle mais voix éteinte... Grande séance de flashs sur Mélina Mercouri et Jack Lang très préoccupés de l'arrivée de leur limousine. Quelles guignolades ! Espérons que le souper qui suit ne coûtera pas trop cher aux contribuables.

18/1/1982
Châtelet
Mozart
Krivine, Eda-Pierre
*Symph. 25, symph. Haffner, « Dove son... »*
Cimarosa
*« Alma Grande... », « Bella mia fiamma... », « Resta o cara... »*
Martin y Solar
*« Vado ma dove... »*

Mozart est là mais ce chef grogne, ânonne, souffle comme un buffle... Qu'est-ce que ce doit être lorsqu'il fait l'amour ?

Mon amie Eda-Pierre est divine, comme je l'ai toujours aimée : tension, retenue, émotion, intelligence – faut-il le dire...

Je ne peux m'empêcher de penser, de philosopher sur ces musiques : ce n'est plus pour nous, de notre monde, c'est trop beau. Dépassé. Ces airs ne possèdent pas une ombre de bêtise, de vulgarité – de ce que l'on met aujourd'hui partout pour plaire.

Une telle perfection ne peut que me rendre malheureux, m'éloigner sentimentalement du temps où je vis. On ne reconstruira pas le Parthénon... « *E Susana non vien...* »

26/1/82
Garnier
*Lohengrin*
Wagner
Wiemar 1850
(von Dohanny, Lasalle, Kokkos; Anna Tomowa Sintow, Eva Randova, Lloyd, Nimsgern, Summers...)

Les personnages, dans le goût des peintres romantiques allemands, se découpent sur un horizon gris... Le deuxième acte se déroule devant des portes de garage coulissantes en aluminium. Le duo est chiant. (Je regrette de n'avoir pas suivi le conseil d'Angremy qui rentrait se coucher).

Derrière le garage se profile le paysage de dunes où arrivent des Bédouins germaniques. Tout ce bazar sans intérêt ni esprit. Une fois encore, il vaut mieux fermer les yeux. Les chevaliers, argentés, ressemblent à des sardines sorties de leur boîte. Vieilles comme la mort. Lorsqu'ils chantent, leurs cordes vocales saillent sur leur cou. À l'entracte une amie pérorait : « On dirait des tableaux flamands. » Comment ces gens peuvent-ils tenir debout en étant si cons ?

Au troisième acte, cela continue sans progresser aucunement : un échangeur d'autoroute avec parapet en alu vu d'un garage noir.

Nos fiancés, si assortis, roucoulent. Elle a dénoué ses cheveux ce qui la rajeunit très légèrement.

29/2/82
Garnier
*Tosca*
Puccini/Illica et Giacosa
Rome 1900
Cozawa – Auvray-Chambas
Id. Tosca : une Roumaine

Kiri est si mignonne, lorsqu'elle exprime la douleur, elle fait une bouche carrée. Celle-ci – « la Roumaine » – est très marquée, quelques accroche-cœurs sur le front l'arrangeraient beaucoup…

Scarpia magnifiquement campé par Vixel, l'« encerclement » de Tosca particulièrement aigu et douloureux. Cette Roumaine joue ainsi aussi très bien le permanent ressort amour et haine de l'amour : jalousie, élan, trouble, désir de vengeance… L'amour jusqu'à la folie – comme on dit dans les chansons.

Vu du premier étage, les décors sont superbes : sol blanc marbré de bleu, autrement, ces amas de peintures paraissent gratuits, on pense que Chambas a voulu se faire plaisir ou justifier son cachet.

Au deuxième acte, si fort impact dramatique que l'on ne résiste pas à la larme, et qu'on se prépare à signer toutes les pétitions contre la torture – aucun comité humanitaire n'a pensé à la circonstance… Bon, on en restera sur ce point à la confortable et tiède répugnance que procure la lecture des journaux.

On en a plein le cœur ! Kiri joue très bien quoique m'en dise Dussurget : « Elle n'a pas d'ovaires ! » Lui est parfois bon ; Ozawa merveilleux mais ses hommes dans la fosse déconnent, il y a des coups de pied au cul qui se perdent.

22/3/82
Garnier
*Tosca*
(idem Veronelli, Te Kanawa…)

Je passe l'entracte avec Yvonne Loriot et Olivier Messiaen pour leur parler de Roberto Platé dont je voudrais qu'il fît le décor de *Saint François*.

Bon, je suis injuste, infect… Mais, je trouve ce mec impossible. À partir de Ciléa cela devient un peu bandant… La salle est folle de l'encenser ainsi – Et c'est certainement la raison de mon irritation ? Je dois donc reprendre à zéro mes pensées et jugements, je n'apprécie que les exclus.

8/4/82
Garnier
Pavaroti
Piano John Wattmann
Baroncini, Caldara, Durante, Verdi (l'*Agnus Dei*), Bizet, Schubert (*L'Ave Maria*), Ciléa, Respighi, Tosti.

« *Aprile e la stagione d'amore…* » j'adore ces chansons de Tosti. Un soir d'avril pluvieux à Venise, je descendis du vaporetto 1 aux Giardini pour aller dîner via Garibaldi. L'air était incroyablement léger, je chantais cela à tue-tête et, derrière chaque arbre, les amoureux enlacés se penchaient pour me regarder passer, je crois qu'ils riaient aussi.

15/4/82
Favart
*Cosi*
(Kuhn, Auvray, Arnault, Felicity Lott, Alicia Nafé, Duesing, Büchner, Van Allan, j'oubliais Despina : Hildegarde Heichele)

Doux plaisir de retrouver un *Cosi* si jeune et si ravissant – un peu « vert » pour cette salle vieillotte ? Idéal pour un festival d'été.

Direction lourdaude : je l'ai dans mon esprit et dans mon cœur gravée par tant de dieux ! Ils sont-

tous adorables, sympathiques, talentueux… De beaux garçons placent le décor et nous font admirer leur anatomie, ainsi que les jolies trouvailles de mise en scène, comme ce bateau descendu des galeries et traversant la salle…

On esquinte ses plaisirs en faisant des comparaisons ? J'ai beau me moquer des dadames qui s'extasient devant les Pyramides en évoquant le Machu Picchu, je me souviens des Kiri ou Elisabeth en savourant l'agilité de Felicity, si gracieuse et fraîche… Mais comment se faire une virginité auditive avant chaque spectacle ?

Grande autorité de Dale Duesing qui, à Salzbourg, dirigé par Boëhm faisait l'Arlequin d'*Ariadne*. Je l'avais trouvé très séduisant alors et me réjouissais ce soir de le rencontrer, le complimenter, l'inviter à déjeuner, que sais-je ! Je plierai ce sentiment romanesque dans ma poche comme un petit mouchoir avec une larme écrasée qui séchera vite, et ce sera encore une histoire mozartienne puisqu'il y faut un qualificatif flatteur…

Le chef est une petite femme nerveuse qui dirige comme s'il dansait la samba.

10 mai 1982
Théâtre du Châtelet
*Stabat Mater*
Pergolèse 1736
(Ricciarelli, Valentini-Terrani)

« L'orchestre est en progrès » comme le notent les Fenouillard de la salle et de la critique… Mais que de portes grincent encore dans ses violons.

Ah ! Ah ! Ah ! Voici justement les Fenouillard qui applaudissent au final du troisième mouvement ; sourires des Dupont, mes voisins, qui savent ! « Public parisien, je vous hais « semble dire la Ricciarelli. Sans doute pense-t-elle qu'un air méchant fait « plus chic » ? Sympathique Valentini, au port de plus en plus viril.

Ces dames sont en noir avec quelques diamants.

Il faut bien cela car l'œuvre m'ennuie. Lorsqu'elle chante, Valentini ressemble à un masque vénitien… On sent qu'il s'agit d'une œuvre de commande – toute la musique dans ces temps n'est-elle pas de commande ? Oh ! pas ce pauvre Schubert… Et la musique de plaisir ? Chic, voici une idée à creuser, je ne m'ennuie plus, c'est parfait.

18 mai 1982
Salle Pleyel
(Térésa Berganza)
Zarzuelas

*Rataplan-plan-plan-plan-plan ! Plan-plan* !

Et voici l'héroïne de la *feria* dans une œillade de bonheur et d'art.

Les regards et les cœurs sont tout aussi ravis : que de charmes, et que de souvenirs aussi. Tant d'étoiles méridionales autour de ce sourire : « *Me gusta que un hombre me diga…* »

Elle est divine parce qu'elle est une vraie femme et mieux que cela : l'art d'être une femme.

Sa robe andalouse serrée lui fait deux petits seins dans le dos, elle est comme la déesse d'Éphèse, la déesse de la fécondité. Sur la statue, ce ne sont pas des seins mais des testicules de taureaux.

Je suis invité ensuite à souper avec l'idole chez son banquier, Claude Chanson. Si vivante que les convives dames, jalouses et outrées de tant de charme, se réfugient toutes sur un canapé pour parler de leur progéniture pendant que les maris feront les jolis cœurs autour de la robe à frous-frous.

24 mai 1982
Palais Garnier
*Le Songe d'une nuit d'été*
Mendelssohn/Petipa 1843
Peterhof 1876

Parti à l'entracte !

Sortant de l'Opéra,
Théâtre de l'Athénée
(Grazziella Scuitti)
Satie, Roussel, Britten, Kurt Weill

J'ai bien fait de fuir l'Opéra. Jamais je n'ai vu une aussi belle robe sur une chanteuse : une image du XVIII^e siècle parfaite.

Bien sûr Dupont (Puk) était charmant, vulgaire, féminin, entouré de sauterelles sans intérêt mais ici, quelle douceur ! Une vieille chatte…

Et tellement « chic », trop pour Weill qui sera mon répertoire, quand il y aura la guerre.

22 septembre 1982
Théâtre du Châtelet
*Apollon Musagète*
*Alpensymfonie*
1927-28
Berlin 1915
STRAVINSKY, STRAUSS,
Philharmonique de Berlin, Karajan

Pauvre vieux dieu ! Il arrive en chaussures de tennis noires, jambes comme un infirme, visage poché, vague d'argent des cheveux… (Il ressemble tout à fait à mon ami d'autrefois, le prince Taxis.)

Main souple, savante, précieuse, précise. Corps alourdi, émouvant. Il me semble qu'il tremble… Imprudence des biographies et surtout des Strauss, autobiographies…

Ici, vers la fin de Strauss, je perçois quelques mesures de *Rosenkavalier* : divin sirop, acide et troublant. Et lui aussi retrouve des impulsions voluptueuses qu'il communique à son troupeau dont chaque animal est investi d'une parcelle d'esprit divin. Cela devient inutile de parler de perfection – ou même d'avoir le méchant esprit de juger : il suffit de recevoir, il suffit d'être.

Je le regarde : c'est un vieillard faisant encore l'amour. La vénération de ces cent maîtresses n'empêche qu'elles l'observent mourir.

Sublime lumière sur la rosace bleue.

1er juillet 1982
Basilique Saint-Denis
Strauss, *Dom Juan*
Rossini, *Stabat Mater*
Weimar 1889
Paris 1842
(Térésa Berganza)
Dir. : J. C. Casadesus

Murmures, huées… C'est l'arrivée – à l'ultime seconde, comme un prince du sang – de Mauroy, Premier Ministre.

Chateaubriand serait furieux d'entendre ici, au milieu des tombeaux des rois, cette rumeur populacière, et pour pareil personnage !

Et que penserait-il même d'y faire de la musique ?

Strauss léger et hasardeux, ils sont trop jeunes.

À l'entracte, je vais lécher un peu Térésa à qui on annonce l'intention du 1er ministre de venir la complimenter. Elle fait la grimace de se pomponner et me demande : « Est-cé qué tou crois qué jé loui dis qué jé souis royaliste ? »

Réjouissant mesclun de public qui deviendra sans doute meilleur lorsqu'il aura entendu le *Stabat mater*.

Ce serait plus sûr avec Mozart, car ici Rossini est ennuyeux : la fin de sa vie ?... Une commande ?... Les curés ?...

Je préfère *Cenerentola* et les œuvres glorieuses de cet heureux homme sans doute triste de l'injustice humaine. Mais il serait réconforté ce soir d'observer ces jeunes musiciens bouclés et bronzés : de vrais dieux païens.

Aix-en-Provence
29 juillet 1982
*Il turco in Italia*
Rossini/Felice Romani
Milan 1814
Place des Quatre-Dauphins
(Aréna – Thamin, Noël)

Le premier plaisir est bien la jolie place où, déjà, le vent accorde la musique des platanes, les dauphins de pierre, privés de leurs jets d'eau doivent rêver ou nous maudire... Vénus s'allume dans le ciel, les jeunes et jolis musiciens s'installent – quels beaux yeux bleus, ce violoncelle !

Nous sommes au premier rang, tout près d'eux. Kitahara, l'amoureux de Jean Voilier, enlace Gersende d'Orléans sous le regard bienveillant de sa mère, la duchesse de Sabran. Cf. Chapitre IV de *Cherche mères*…

Salutations empressées et, je crois, sincèrement amicales du polisson ambassadeur : « Alors, Jean, la semaine prochaine, on se voit à Béduer et là

c'est une bonne table ! » J'espère que son hôtesse d'Ansouis n'a pas entendu.

Les décors ravissants sont inspirés de Tiepolo de Villa Valmarana à Vicenza, mise en scène un peu chargée mais il fallait bien exprimer tant de trouvailles :

Magali Damonte, jeune Marseillaise découverte dans *Carmen* aux Bouffes du Nord, est irrésistible : un physique pur XVII$^{e}$, la Palatine en jolie. Enjouée, de charmantes mains – il faut vraiment pour la qualifier le langage de Madame de Sévigné. Et déjà, l'autorité d'une diva. Ce sera un genre Caballé.

On a traité jusqu'aux ombres chinoises. Les poses des figurants sont elles aussi soigneusement travaillées : deux très beaux jeunes gens emplumés s'accoudent aux fenêtres du décor.

Théâtre de l'Archevêché
*Les Boréades*
Rameau/Cahusac
Paris 1763 non représenté
Aix-en-Provence 1982
(Gardiner, Martinoty, Ogier, Langridge, Allen, Lafont, Jenifer Smith)

Bon, il pleut des cordes. Nous sommes au balcon. C'est assez joli ce décor vu d'en haut, tous ces gens qui encombrent la scène, il s'agit bien d'un monde : la reine explique son histoire et annonce un orage ce qui fait frémir le public assis sur des sièges humides. Ces méchants vœux ne seront pas exaucés, la lune apparaît !

Cette fameuse musique « noble » me semble une musiquette, comme l'écho très assourdi d'une époque où l'on mangeait, parlait et dormait au concert…

L'idée de divertissement ne correspond pas aux salles obscures où le silence est de rigueur. Je me félicite d'avoir toujours avec moi mon petit ouvrage – carnet et stylo lumineux – ainsi je me distrais et parfois distrais ou intrigue mon voisinage.

Les beaux costumes regorgent de fanfreluches, beaux décors aussi, des pierres aux reliefs classiques…

Sans cesse l'amie qui m'accompagne s'inquiète de ce qui se passe sur scène : les gens ont de ces obsessions !

Comment lui expliquer qu'il ne se passe rien : elle ne comprendrait pas ce que nous faisons ici. (Je lui avais interdit le café pour qu'elle puisse confondre la somnolence et l'ennui dans une sorte de béatitude indispensable à cette musique).

On résiste à cet ennui, on finit même par trouver tout cela fort beau: l'ennui est encore une notion intellectuelle qui implique la connaissance.

De gros angelots aux masques roses joufflus, aux cheveux dorés, poursuivent des nymphes pendant que le chœur chante d'irrésistibles vers:

« *Écoutez l'amour qui vous presse/Dans les nuits et les jours les plus beaux/Car le penchant vous entraîne/Voyez le plus frêle buisson...* »

À la fin, on est pris dans un charme, on n'éprouve plus la moindre envie de persifler, une espèce de douce beauté s'impose... mais l'ennui demeure.

Au deuxième acte, l'orage éclate sur scène et dans le ciel. L'art mythologique et la réalité se confondent: éclairs et tonnerre de toutes parts, encore un charme aixois!

Dix minutes plus tard, c'est le déluge. Nous voici tous à grimper sur scène pour nous abriter. Le spectacle a cessé, on bavarde sympathiquement, l'orage crée des liens nouveaux...

Puis les nuages blancs s'éloignent, quelques étoiles viennent nous faire de l'œil, nuit propice aux enchantements...

Les choristes, pour faire entendre leur chant, entrouvrent les rideaux de côté, le ballet de guerriers empanachés, très réussi, suffira-t-il à éloigner la menace de pluie ? Elle s'égoutte bruyamment du balcon pendant que le malheureux Borée ordonne : « *Partez vents orageux effrayer l'univers* ! » Cela marche : les étoiles s'allument dans le ciel.

Je jouis de ces chants exténués, de ces phrases brisées, de ces émotions retenues et ainsi démontrées…

« *Reprenez vos esprits et que le charme cesse* »… C'est bien ainsi que j'entends le mot *charme* : une torpeur permettant l'envahissement d'une part de l'être par une sensation imaginative et délicieuse, à laquelle on s'abandonne.

Il faut bien que le spectacle soit très long pour qu'on puisse dire : le charme n'a que trop duré !

31 juillet 1982
Théâtre de l'Archevêché
*La Flûte enchantée*
Mozart/Schikaneder
Vienne 1791
(Guschibauer, Pintillie, Boruzescu)

J'ai tout aimé, adoré !… sauf la « présentation » des personnages pendant l'ouverture car cette distraction inutile nuit au recueillement.

(Cette ouverture est une prière avant l'état de grâce). Irrésistible Papageno – on lui donne seize ans ! La fin accuse la tristesse de notre destin : ils sont vieux ! Et, pour nous, c'est fini.

Un miracle : descendant vers la ville, je lève mes yeux sur une fenêtre éclairée près de Place d'Albertas ; trois enfants délicieux m'adressent des gestes et des appels : « Oh ! Monsieur au pantalon blanc, ça va bien ? On va se coucher… » Etc. ? Sans doute suis-je un peu devenu Papageno…

22 septembre 1982
Palais Garnier
*Eugène Onéguine*
Tchaïkowski
Moscou 1879
(Rostropovich, Menotti, Grossi,… Shicoff, Mc Cauley, Luxon, Meven, Ortrum Wenkel…)

Galina est démodée ! Tout vacille… Mais elle est si sûre d'elle-même que cette usure n'émeut pas.

Je la plains, j'admire sa belle chevelure, son métier… Sans doute ne peut-elle chanter que cela, la langue rend notre jugement plus approximatif.

Rostro mange sa déesse du regard, il en bave de bonheur, là est l'émotion pour moi qui observe d'aussi près cet amour.

Elle en fait trop, elle ne pourrait composer une Comtesse ou une Maréchale. J'aime pourtant cette femme : une passionnelle, une vibrante !… L'orchestre, lui, ne vibre guère. Où donc ces musiciens en sont-ils rendus ?

Rostro dirige cette musique comme il l'entend dans ses rêves, avec la voix de sa Galina, il y a vingt ans…

Les paquets de chœurs sont très applaudis : ils hurlent. Les décors aussi si vieux, si poussiéreux – Menotti !

Juste bagarre des hommes, bal conventionnel.

Le ténor assez plaisant, Sénéchal précieux à souhait…

Le décor de cabanes sous la neige est si lamentable que notre brave type finit par mal chanter. Très beau duo avant le duel. On peut ainsi se rendre compte de la beauté de l'œuvre.

Image lamentable et vulgaire de ce bal à Pétersbourg éclairé de belles torchères dorées, avec des hanches ondulantes dans des costumes criards, les hommes marchant sur les traînes qui craquent, ce qui déclenche les risées du public.

8 octobre 1982
Salle Pleyel
70e anniversaire
d'Igor Markévitch
Beethoven, *6e* ; Markévitch, *Laurent le Magnifique* ; Debussy, *Prélude à l'Après-midi d'un faune* ; Roussel, *Bacchus et Ariane*.

Il ne reste rien de cette beauté qui enchanta Diaghilev !

Pauvre maître déplumé – et sourd ! Légèrement tremblant. Peut-être, l'émotion d'avoir quitté ses grimoires pour retrouver un orchestre ?

Comme une maîtresse usée qui se remettrait à l'amour…

I.

Romance du deuxième mouvement… L'orchestre vacille légèrement : c'est un concert de rentrée ! De ci, de là, encore quelques guirlandes mozartiennes… Ce tableau de la nature eut sans doute paru trivial au dix-huitième ?

On vient d'apprendre aux vieilles placeuses à dire : « Bonsoir Monsieur » en tendant la main pour prendre le billet, réflexe de serrer cette main !

Toutes ces simagrées, ces façons ridicules m'amusent. On vit une époque où les gens s'« éduquent » dans *Madame Figaro*.

J'aime Markévitch pour tant de visages croisés et aimés… La France, pour son anniversaire, vient de lui offrir la rosette de la Légion d'Honneur : c'est bien mieux qu'une rose.

À propos de ces « trivialités », ces aspects descriptifs : le Romantisme marque du déclin, de la désillusion, une pente descendante ? On ne feint plus, bientôt on pleurera, on hurlera le pire, le malheur. On s'y complaira…

Le sublime, c'est de rire lorsque c'est triste – ou plutôt, de sourire.

Superbe cambrure moulée de satin noir avec effets de transparence d'une dame second violon.

II.

« Plus un bien est communicable, plus il est divin ».

Beaux moments élégiaques, assez datés (1940), desservis par une grosse poupée en celluloïd (Lyn Stow) qui pousse de petits cris à tel point qu'on ne comprend pas la langue de ce livret composé à Florence.

III

Ravissant et même très beau.

IV

Vieillissant, j'aime de plus en plus la musique française… J'y trouve une délectation d'érudit.

14 octobre 1982
Théâtre de Champs Élysées
(Gala Claude Pompidou)
*Great day in the morning*,
spectacle de Bob Wilson
(Jessye Normann)
Invité par Suzanne Quoirez

Beaucoup plus de recueillement serait nécessaire à pareil spectacle. les gens sont tellement enrhumés, et si mal appris. Il semble que tout ce monde va mourir… – est-ce si faux d'ailleurs ?

Mon dessin en grisaille me fait gagner dix bonnes minutes…

Si seulement je pouvais parler à ma chère Suzanne – entourée de vieillards cacochymes dont Jean-Louis de Faucigny-Lucinge, toujours un modèle d'élégance… Hélas ! Nous sommes prisonniers de cette séance biblique, droit dans le champ de mire de Madame Pompidou, amie intime de Suzanne qui souhaiterait s'échapper boire du champagne avec moi chez *Marius et Jeannette* où nous dînerons plus tard…

Et le recueillement nous échappe, la ferveur nécessaire ne se déclenche pas… ah combien nous restons éloignés de la *Case de l'Oncle Tom* !

Très belles images pourtant : le lit avec cette fenêtre immense ouverte sur les étoiles, le piano d'Elisabeth Cooper…

Depuis *Le Regard du sourd*, « l'arrangement musical » semble devenu prétexte, un gadget… On est tenté de se poser la question de savoir si pareil spectacle a besoin de prétexte, de faire-valoir, de Jessye Normann, pour exister ?

L'idée que l'on souhaite se forger au sujet de la pureté d'intention, du génie de Wilson, s'en trouve troublée.

Jessye met toute son âme dans son chant, elle serre son oreiller blanc contre elle, symbole de sa solitude, de l'amour abandonné, du réconfort inerte des choses… très émouvante image où s'inscrit ce si beau profil de méduse.

On pardonnerait tout ce temps passé, l'esprit souvent comme ankylosé d'incompréhension, si Jessye nous offrait en bis un air de Mozart, ou de Schubert, ou de Schumann, ou de Satie… oui, oui, je sais, remarque typique d'un idiot qui n'a rien compris.

1er décembre 1982
Palais Garnier
*Falstaff*
Verdi/Arrigo Boito
Milan 1893 Paris 1894
(Ozawa, Wilson, Monloup Falstaff: Juan Pons…)

Merveilleux de vie, d'émotion, de sourire. À mon goût le plus bel opéra de Verdi. Une quintessence de sa musique, tellement chantant ! Et Ozawa éclaire tout cela de son génie.

Gravité souriante, philosophique de cette œuvre…

Idéal Falstaff de Juan Pons, Nanetta – Christiane Barbaux – ravissante et parfaite… Idée de *Don Giovanni* à la fin… « Tutto déclina » chante Falstaff.

Que c'est beau ! On a envie de danser en riant, en buvant, puis on jettera nos verres : les lustres s'écroulent, le rire est si près des larmes.

Ozawa dirige l'air de Ford – Walter Grönrocs – Fontana – exactement comme du Puccini et celui de la Quikly – Nucci Conds ou Jocelyne Taillon selon les soirs – est du Rossini pétillant à souhait.

Voilà que cette musique me rend sentimental : la salle est emplie de visages connus, amis, amours… Je ne réponds pas aux sourires, mêlant tout ce passé factice dans un oubli sans concessions – si fragile ! Que de bons moments il faut effacer pour refouler les mauvais… Bon, il restera toujours l'espérance des lendemains. Des lendemains qui n'existent pas. Sera-ce la leçon de *Falstaff* ?

Cette musique ultime, divine, emplie des souvenirs des rires et des blessures, tendue par la distance de la dérision et la proximité du néant, envahit l'auditeur ayant vécu un tant soit peu…

Une vie ! Toujours pleine de sentiments, de désirs et d'idées contradictoires, de joies, de désespoirs.

Le 9, Claudio Desderi fut Falstaff, Barbara Hendrix Nanetta, Jocelyne Taillon la Quickly. Je regrette beaucoup Juan Pons très supérieur à celui-ci. La Doese, Alice Ford, a vraiment une bouche pleine de dents mais qui n'empêchent pas une couleur mozartienne fort agréable. Taillon excellente, Hendrix charmante quoique fragile malgré ses si grandes mains. Comme la plupart des touristes qui comparent l'Acropole au Palais de Chaillot, je parallélise : croisements de personnages semblables à *Cosi*, duos Masetto Zerline pareils à ceux entre Bandolphi et Nanetta jusqu'aux paroles « *Facciamo la pace…* »

Cette géométrie prouve aussi combien *Falstaff* est l'œuvre de l'équilibre, de la plénitude.

Le « *Siamo d'accordo tutti* » autour de Ford, c'est encore le tableau des paysans autour de Masetto contre Don Giovanni. Ici, Don Giovanni est vieux et dérisoire, ce qui rend la scène tellement dure.

« *L'uomo ritorna al vicio…* » énonce gravement Falstaff, double bouffon de Don Giovanni. Toujours la même histoire recommencée. Les situations s'imbriquent, se décalquent, nous n'en percevons qu'une illusion : celle qui nous flatte, nous « arrange », ou que nous arrangeons pour que l'espoir figure dans ces parcelles d'actes.

On se couche pour dormir, on s'étourdit d'énervement, parfois clignotent des lumières qu'il s'agit de capturer. La solution est de continuer à vivre pour les traquer inlassablement, mais cette récompense ne s'administre pas. Elle est fragile, imperceptible, fugace. Je crois qu'on la nourrit d'un soin extrême de soi : la musique entre dans ces précieuses denrées.

En voyant ces décors venus de « là-bas », j'ai compris que Leipzig est en Allemagne de l'Est…

11 décembre 1982
Salle Favart
*Les Contes d'Hoffmann*

25 janvier 1983
Palais Garnier
*La Bohême*
Mimi : Hélène Garetti

Le problème des reprises : on se souvient des créations.

Distribution bien pâle mais encore préférable à celle de la première, l'autre soir : Garetti trop impavide alors que Michell en faisait trop et jouait faux.

Vocalement, elles se défoncent toutes autant qu'il est permis ; les hommes aussi d'ailleurs : puissants, passionnés, vibrants, pucciniens !

le 1er février
– Léona Mitchell, Arragail –

Leurs duos m'enchantent. Si je ne les regarde pas, je les trouve parfaits, aussi vais-je m'allonger sur le divan de velours poussiéreux de ma baignoire, où, bientôt, je m'assoupis. À l'entracte, abruti par ce somme, je ne reconnais personne.

20 février 1983
Espace Cardin
Fauré Schumann
Magda Tagliafero
Edda Moser

Poème :
Je veux avoir des cheveux rouges
Pareils à Magda Tagliafero
Puis il faudra que mes doigts bougent
Dans ces forêts, tels des héros !

Comme pour Fauré cette fée
À bouche vermeille et yeux faits…

Elle a 94 ans, il y a 65 ans elle fut l'égérie de Fauré : elle salue gracieusement et… joue ! C'est inouï.

24 février 1983
Garnier
*Les Noces de Figaro*

Tout semble amoindri aujourd'hui : reste l'enchantement de la musique et des souvenirs… le Comte a l'air impotent, Chérubin chante sommairement, Susana mal assurée… même Margaret Price halète légèrement.

Baquier-Figaro très ramolli aussi, le muscle s'est atrophié au fil des ans.

Bon ! Je ravaude quelques heureux moments avec mes souvenirs et me ravis de la soirée.

Enfin, le miracle opère à partir de « *E Susana non vien…* » Alors, Price distille son trésor. Divine, art consommé, geste suprême, épanouissement de la voix, vocalise ciselée…

3 mars 1983
Théâtre du Châtelet
Jessye Normann
Dir. : Valdès, le beau vénitien
*Ritorna vincitor. Pace pace mio Dio, Romance du saule. Ave Maria*, etc.

Très déçu. Elle file ses notes comme pour Schubert.

Le public l'ovationne démentiellement puis, tout à coup, comprenant qu'elle n'offrira pas de bis, la hue. Effrayante versatilité du populo.

Est-ce là encore un exemple de « la maladie du pouvoir » ? Cette choriste baptiste au faîte de la gloire ne se sentirait-elle plus de dette envers le public ?

Après deux airs – où elle n'est pas la meilleure – elle s'en va, fait quelques grimaces et saluts, pas le moindre bis dans un programme aussi maigre. Les « grandes » bissaient toujours jusqu'à donner le signal du départ en refermant le piano.

Callas, Elisabeth, Caballé, l'économe Térésa se laissaient toucher par les ambiances.

Il faudra bien que cette « bonbonne » apprenne que l'humilité fait partie de l'Art. Est-elle souffrante, elle, si bonne, si généreuse, si intelligente !

4 mars 1983
Salle Favart
*L'amour des trois oranges*
Prokofiev, d'après Carlo Gozzi
Chicago 1921, Paris 1956
(Foster, Mesguisch, Pagano)

Magnifique ! La conversation hypocondriaque me ravit ! Il n'y a rien de plus comique que de parler de maladies.

Les décors sont des chefs-d'œuvre.

Le public, sollicité par des intérêts multiples, semble désemparé.

Spectacle parfaitement agencé, tout en finesse, en ironie, sans trivialité. très « surréaliste ».

19 avril 1983
Théâtre des Champs Élysées
Yvo Pogolovitch

Grand fil de fer blond rimbaldien, cuisse gracieuse. Démarche traînante, dégingandé, séduisant !

Il a vingt-quatre ans et vient de connaître un triomphe aux Pâques de Salzbourg sous la houlette de Karajan – Belle orchestration publicitaire.

Son côté « enfant blond yougoslave » fait que ce n'est pas Liszt… Et puis, on se méfie toujours un peu des succès aussi bien préparés par les médias. Toutes les femmes en sont déjà folles !

Le programme n'est pas ce que je préfère – mises à part les premières phrases de Ravel… Il est assez sympathique dans ses façons : il est « Romantique » : il introduit des images… Il veut aussi prouver qu'on a eu tort de ne pas le couronner à Varsovie et le voilà qui se lance dans la virtuosité, genre machine à coudre dont raffole ce genre de public.

Coup de théâtre : nous allons au Plaza où D.G. offre une réception au prodige. Buffet moche, gens de la musique et de Paris, etc. Il arrive : une folle grimacière, affublée d'une femme de cirque enveloppée de volants, qui pourrait être largement sa mère : il a épousé son professeur de piano du conservatoire de Moscou. Il reste dans sa cape de Zorro doublée de satin blanc que je n'ai plus envie de baiser.

13 mai 1983
*L'or du Rhin* (version de concert)
Wagner
Munich 1869
(Kurz, Nimsgern, Jérusalem Welker, Dikie, Salminen, Hölb, Rintzler Conzzea, Randova, Garetti, Taillon)

On se demande qu'est devenue la magnifique mise en scène – et ses décors – montée par Libermann ? Je n'avais rien vu de plus beau – lorsque cela fonctionnait. Les entrées de Wotan – Théo Adam – et de Frika – Christa Ludwig – étaient sublimes. Quels souvenirs !

Ce n'est pas la musique de ce soir qui nous les fera oublier : orchestre de fonctionnaires – avec un chef consciencieux. Filles du Rhin banales.

Heureusement, tout ce « moyen » est relevé par Rintzler et ses compagnons. Bientôt, pourtant, l'élément liquide va nous noyer, nous envahir, nous submerger : la musique opère son action.

Je ne m'ennuie pas mais je me sens un peu fatigué : où est la différence ? Le plaisir est fait de plus d'enthousiasme, le vrai plaisir est absent.

Il reste à ratiociner : pas assez de répétitions, décalages – qui se dissipent à la fin. Il en est souvent ainsi dans Wagner : il faut que « ça chauffe ».

Jérusalem est parfait. Il me semble même que les fonctionnaires commencent à comprendre qu'ils sont aussi les acteurs du drame.

22 mai 1983
Théâtre du Châtelet
*Les Indes galantes*
Rameau/Louis Fuzelier
Paris 1735
(Herreweghe, Pizzi – Véronique Dietschy, Maria Fausta Gallamini, Sandra Browne, Raffalli etc.)

Malgré la féerie, c'est la barbe !

Ouais, ouais, c'est superbement fait, pizzinesque à souhait… Mais je ne supporte plus tous ces ralentis, toute cette contrainte. Je comprends pourquoi le siècle d'après fut celui de la vivacité : on devait échapper de cet empois.

À part cet ennui, j'admire l'art des chanteurs, des danseurs – gesticulations emmêlées, si savantes, ralenties jusqu'à se figer… Ingéniosité des décors, superbes ! Les plateaux mobiles tentent de nous distraire en vain : la beauté ne suffit pas si elle est privée d'esprit.

Ensuite on s'habitue, cela devient une espèce de rythme que l'on s'approprie, l'énervement fait place au contentement de se trouver dans un climat, une habitude devenue une satisfaction.

Encore un spectacle à l'usage de nos socialos bien pensants, si empesés.

Peut-être assez semblables aux « gros dorés » qui accompagnent toujours les autorités politiques nouvelles, très amateurs de faste ? (Je lis actuellement Saint-Simon). Mais la comparaison sera brève : il nous manque les victoires. Roxane me plaît assez : elle transpire, je vois s'élargir des taches sombres sous ses aisselles. Cette trace d'humanité me contrarie, ça ne va pas avec le reste.

6 juin 1983
Vicenza
Teatro Olympico
*Il Nascimento dell'aurora*
Albinoni
Vienne 1710
(Scimone Diappi, Daniela Mazzuccato, Margarita Zimmermann, June Anderson, Sandra Browne, Yoshihisa Yamagi…)

Le plus divertissant consista en ceci : je voulais bien, depuis Venise, venir à Vicenza, mais sans rater mon bain au Lido. Je fus donc passablement élégant sur la plage, tout de lin blanc vêtu ; puis rangeais mon costume de bain dans un plastique, soigneusement roulé dans un petit baise-en-ville. Organisation bien légère pour les décors palladiens et leur public. Vaporetto jusqu'à la Stazione, train pour Vicenza. Nous prenons place sur les gradins. Les sublimes et théâtrales tenues vestimentaires des femmes, assorties de macs calamistrés en costumes blancs, tous parfumés à outrance, ne dissimulaient pas une terrible odeur qui envahissait l'Olympico, sans que je puisse déterminer d'où émanait cette puanteur ? Jusqu'à ce que je réalise qu'il s'agissait de mes charmants impedimenta en putréfaction par l'action combinée de la pollution de l'Adriatique et de la chaleur des trains.

9 juin 1983
Théâtre du Châtelet
Gwyneth Jones
Strauss, *Les quatre derniers lieders*

À l'entracte, je courus aux lavabos entreprendre une lessive de petite culotte sous les regards scandalisés des élégants Messieurs aux prostates en folie.

Je suis sous le charme sublime de sa robe à traîne, des images passionnées que je conserve d'elle à la fin du *Ring*, à Bayreuth…

Le chef, vieux corbeau, laisse venir juste ce qu'il faut de musique pour apprivoiser la voix… Elle, tout entière, se fond dans la musique, devenant… une proie extasiée…

Je pars afin d'éviter que la *3e symphonie* de Schumann fasse retomber ma soirée du côté de l'ennui.

Exemple de soirée chargée, le 13 juin 1983 :

au Châtelet
(Christiane Eda-Pierre
Hortense Cartier-Bresson
Chopin, *Dardannus*, Mozart, Liszt, Duparc)

Ce soir les atmosphères médiatiques m'insupportent.

La gentille pianiste ne me paraît qu'une jeune fille bien élevée.

Je n'aime que les hommes, tels des toreros face à l'animal piano.

à Garnier
*Missa de Requiem*
(Lombard, Margarita Castro Alberty, Luchetti, Alexandrina Miltcheva, Coock
(Il y en a pour tous les goûts !)

Pas intéressant : lourd travail de Lombard devant un orchestre seulement honnête.

Fausse note de la Castro dans le *Libera me*… La foule, tout aussi approximative, l'ovationne.

à l'Athénée
Jessye Normann

Un plaisir blanc : elle comble la scène, elle comble la salle de gestes précieux. Nous en sommes aux mélodies de Duparc, abandonnées tout à l'heure au Châtelet avec Eda-Pierre. J'éprouve cette sorte de plaisir que l'on ressent dans un train traversant une banlieue, lorsqu'on voit les suites de mêmes images vaciller aux télés des appartements.

Elle nous gratifie ce soir de quelques « bis » plus justes et vrais…

22 juin 1983
Théâtre du Châtelet
*La Femme silencieuse*
Richard Strauss/Stefan Zweig
Dresde 1935 sous la direction de Karl Böehm
(Janowski, Richter, Gertrud Oertel, Vogel…)

Il faut souligner que Strauss commanda l'œuvre à Zweig alors que la peste noire envahissait déjà l'Allemagne.

Je suis toujours un peu chez moi dans Strauss, c'est-à-dire chez lui : je reconnais les salons Biedermayer, les ornements, les ors, la vivacité du maître de maison, ses emportements, ses accès de tendresse… Et je fais mienne cette versatilité. Il s'agit bien des humeurs communes à chacun de nous.

Parfois la musique ne me semble qu'un accompagnement de l'action. Et toujours on retrouve les situations mozartiennes. Mozart-Da Ponte constituent le fonds inépuisable de Strauss. Il agite leurs œuvres dans son kaléidoscope, et cela produit ses propres œuvres.

Je n'apprécie pas ce décor de fenêtre quoique l'ensemble soit assez bien donné. Peut-être à cause de ces persiennes blanches d'établissement de bain, le comique n'est pas suffisamment accentué, le « bouffe » n'est pas osé !

Le sextuor du deuxième acte – dans la ligne du trio final du *Rozenkavalier* – est encore une sublimité. Évidemment, tout dépend de qui le défend.

Si riche orchestration, bien dirigé, orchestre jeune, féminin.

Nous sommes le 22 juin, tout le monde se salue : « Au 15 septembre ! Bon été ! » etc. C'est vrai que nous crèverons la bouche ouverte.

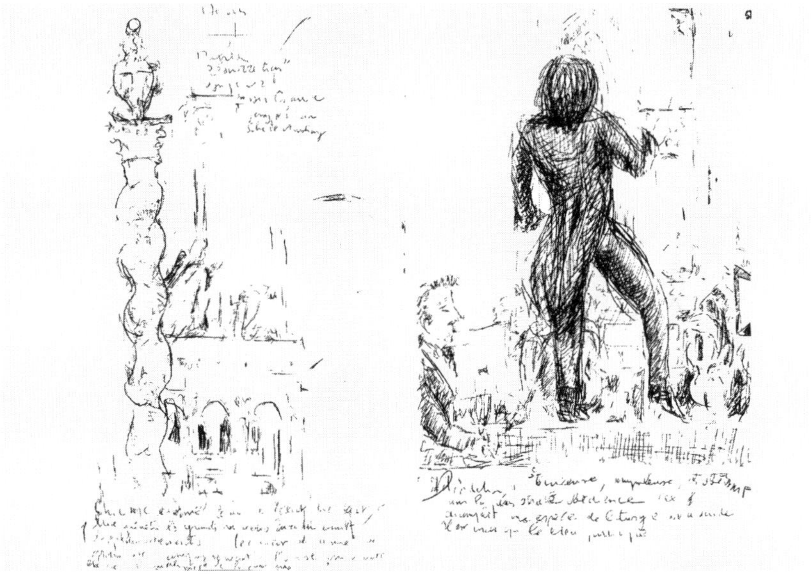

24 juin 1983
Basilique Saint-Denis
Malher
Symph. n° 2 « *Résurrection* »
Berlin 1895
Dir. : Ozawa
(Jessye Normann, Sheila Amstrong)

Un orage énorme retarde le début du concert, la pluie frappe les grandes verrières avec un bruit d'applaudissements… Et le concert se poursuivra dans le grandiose accompagnement de l'orage qui ajoute encore au sublime.

La direction si méticuleuse, scrupuleuse, accomplit une sorte de liturgie irradiante qui s'accorde magnifiquement à la majesté du lieu.

5 juillet 1983
Opéra Garnier
*Falstaff*
Dir. : Rivoli

« *L'amor, l'amor, l'amor* » On retrouve toujours la trame de nos propres situations, de nos sentiments, dans les chefs-d'œuvre. Ainsi, peut-on jouer à recadrer nos vies dans les calques de *Falstaff*. Illusions : croire que l'on est aimé. Puisqu'on le sait, il reste à en rire.

Quel entrain, dès le départ, Verdi !

8 juillet 1983
Opéra Garnier : *Otello*
(Lombard, Hands, Svoboda
Farrah, Chauvet (!), Cupido
Bogagian, Stefka Evstatieva…)

Aujourd'hui tout ce qui est mise en scène militaire nous ennuie, mais on se perd de plaisir dans ces duos si bandants. Et cette Desdémone, un vrai berlingot. Chauvet bon.

Je crois que je n'aime pas Lombard parce que je n'arrive pas à croquer son beau profil ténébreux.

Belles notes filées des deux amoureux qui, sur scène, roucoulent.

Tout, dans l'orchestre et la mise en scène, est tellement à l'abandon, bâclé, que cela en devient drôle.

Les scènes nationales offrent une soirée gratuite au populo, il n'était pas question que les héritiers de la duchesse de Choiseul se commettent Salle Favart. D'ailleurs, chacun sait qu'après le Grand Prix… Je plaisante car, aujourd'hui, Dieu merci, le monde de l'Opéra n'est pas seulement fait de celui des châteaux ou du Jockey. 13 juillet 1983

Lorsque, dans cette soupente de la *Direction de la Musique*, j'essayai justement de travailler à ce but, un dossier fort encombrant était celui de la « *Succession Choiseul-Praslin* ». Voici, en deux mots, le résumé de cette curiosité administrative : la Salle Favart fut construite sur des terrains appartenant au duc de Choiseul qui s'y réserva la propriété avec jouissance permanente de l'avant-scène côté cour. Lorsque la salle entra en activité, la propriété de cette partie d'immeuble justifia l'établissement d'une taxe foncière. Favart fut abandonnée et resta fermée plusieurs années du fait de l'administration. La famille Choiseul refusa donc de payer la contribution afférente à la loge. De mon temps on en était au Conseil d'État. Le notaire administrant la succession Choiseul devait encore gérer la loge – de douze places – pour laquelle chacun des héritiers lui en demandait l'usage. Par la grâce de l'un d'entre eux, le marquis de Miramont, elle m'échut ce soir-là.

Vraiment *Ariane* vaut bien tous les bals de pompiers !

26 septembre 1983
Opéra Garnier
*Moïse*
Rossini/Luigi Balocchi et Étienne de Jouy
Paris 1827
(Prêtre : Ronconi, Quaranta, Grisolini, Malatesta, Ramey, Lafont, Lewis, Shirley Verret, Cecilia Gasdia, Magali Damonte)

Cela change des Hébreux dépenaillés, appuyés sur des bâtons que l'on voit dans tous les spectacles lyriques dont l'action se déroule dans les temps bibliques. Ici, curieux et baroquissime mélange d'Ignorantins vêtus en jésuites du temps de Rossini et de joueurs de violon suggérant les Fils d'Israël venus d'Europe Centrale.

L'Égypte est plutôt d'inspiration maçonnique XVIII$^{e}$, pourtant l'ensemble est assez cohérent.

Au centre de la scène, grand buffet d'orgue-abri-Sinaï-arche-nef, entouré de chaises d'église paillées. Décors cachés sur les côtés, où il se passe des choses – qui ne seront aperçues que de très rares spectateurs. Encore une façon pour ce petit monde de se déclarer discrètement élitiste ?

Le second acte se déroule sous de grandioses drapés et des stucs baroques. Baroque et incohérence… Voici un nouveau sujet de réflexion :

s'agirait-il d'une cohérence suprême ? Memphis rime avec Amménophis ! Culte de l'irréalité, triomphe de l'ange visible. Argument si léger de ce *Moïse*, irréelle histoire d'amour Anaïs-Amménophis qui se noue au bord de la Mer Rouge, à quelques minutes de la fin, au grand scandale du peuple hébreu enchaîné. Mais cette fin décevante ne sert pas d'alibi au spectacle : à la suite de Moïse, le Peuple Élu passe la mer. Point n'était besoin de tant d'artifices de mise en scène pour assurer le triomphe de la confusion.

Ministres et sous-ministres socialistes ont cru bon d'être présents à l'événement non pas musical mais à l'intronisation de Massimo Boggiankino, leur nouveau poulain à la tête de l'Opéra, ancien ou futur maire socialiste de Florence. Alors que, après une générale décevante, j'espérais que tout ce beau linge allait se barber, il n'en est rien ! Ce soir, tout s'est lié, les voix sont plus sûres, et j'ai enfin compris certaines idées, certains partis pris. Je sais ce qui se passe – toujours peu de choses que l'on ne sache déjà !

Replacer *Moïse* dans le cadre d'un oratorio jésuitique n'est pas tout à fait un artifice.

La petite Anaïs est magnifique, comme promis. la pharaonne aussi, grand abattage. Mais voici qu'au premier entracte intervient l'événement : au premier rang de la corbeille, trônent SCHWARZKOPF et Christa Ludwig. Les photographes mitraillent les deux vieilles reines.

Nos petits cœurs battent d'émotion.

À la sortie, ces dames sont ovationnées sur le perron du palais, les ministres s'approchent pour profiter de la photo, pareils à des indiscrets qu'on n'a pas invités. Il y a des « Hou-hou-hou ! »

J'avais bien tort de m'en soucier : le lendemain, lors d'une petite réunion, je rencontrai SCHWARZKOPF qui me dit : « Je ne sais pas ce qui se passe en France : vous m'applaudissiez, des gens que je ne connais pas se sont approchés et tout le monde s'est mis à huer ? »

Bogianckino

7 octobre 1983
Opéra Garnier
*Moïse*
Id.

Succès moyen.

Pourtant, merveilleux moments de voix – mozartiens – dont l'air de la pharaonne du second acte que Verret défend telle une régate, voiles tendues par ses cordes vocales, très grosses, que j'observe saillir de son cou.

Les hommes ne suffisent pas à meubler une scène lyrique – sauf dans *Wozzek* – peut-être s'agit-il d'un goût personnel… Ici, par moments Mozart, par moments des chansons de rues…

Je repense à cette sortie du soir de la première : les ministres filant comme des rats dans leur limousine, Schwarzkopf seule en haut du parvis, drapée dans sa robe rouge, saluant sous les vivats, la foule de l'opéra entourant sa voiture et l'acclamant. Divine certitude des divas !

« L'opéra ce sont des musées qui vivent de matières vivantes... » dira-t-elle.

Ce soir, le ténor est un gros rouquin impossible, la petite Anaïs (Gasdia) a beaucoup de mérite d'aussi bien roucouler pour un tel amoureux. Aussi est-elle très applaudie, trop ? Ses vingt-deux ans font merveille : nous éprouvons la délicieuse impression de découvrir une nouvelle étoile.

1er octobre 1983
Opéra Garnier
*Madame Butterfly*
Puccini/Illica et Giacosa
Milan 1904

En version originale et en traduction.

Il semble avec la version originale, si lente, qu'on retourne en arrière. Elle offre pourtant des moments d'approfondissement, des sublimités...

Mais aussi beaucoup de poussière de mise en scène. Après Lavelli, ces flonflons paraissent bien ennuyeux. Quelle manie ont tous les administrateurs d'opéra de mettre au rancart les chefs-d'œuvre de leurs prédécesseurs ? C'est qu'ils savent qu'ils ne pourront leur rivaliser.

25 novembre 1983
Théâtre des Champs Élysées
*Un ballo in maschera*
Verdi/Antonio Somma
Rome 1859
Orch. Nat. de France
(Gelmetti, Zylis-Gara, Marpozan, Visconti, Zancanato, Bradley, Vassar, Dumont…)

Chef nabot entre Toulouse-Lautrec et Cavour, Zylis-Gara bien fatiguée, « négrillonne » articulante prête à nous dévorer, rouquine emplumée, hommes vocalement honorables.

Vaste paysage – un vallon entouré de collines – empli de chanteurs, choristes et musiciens. Le chef, au premier plan, ressemble à une cafetière posée sur un guéridon… Ah ! la la, ce Verdi, toutes ces histoires de prophéties !

Avec ces envolées de chant qui nous procurent tant de plaisir, et ces petites ritournelles, ici et là… Superbe baryton – Zancanato – très applaudi au troisième acte : ancien flic, qui salue la main sur le cœur.

14 janvier 1984
Théâtre des Champs Élysées
*Elektra*
Richard Strauss/Hugo von Hofmannsthal
Dresde 1909
(Perik ;
Klytämnestre : Maureen Forrester ;
Elektra : Ute Winzing ;
Chrysostémis : Léonie Ryzaneck ;
Aegisth : Horst Hiestermann ;
Orest : Bent Norup.)

Toutes les trois font assez mémères. La Mère – Maureen Forrester – vrai travelo, ou maquerelle… Le rôle comporte cette nuance. Toute la gentry musicale est présente pour « constater » – un peu comme à un enterrement où l'on se félicite d'avoir échappé au mauvais sort – Crespin, Streich, etc., sont venues juger leurs rivales. Mais c'est le contraire ici que se produit : les assises dans la salle sont mortes, et Ryzaneck triomphe. Sublimes accents ! La voix chauffée, le velours mordoré se déploie dans une infinité de nuances : de ces couleurs d'automne que seul produit le passage du temps.

Orchestre magnifique – peut-être trop puissant ? Mais il faut tant d'espace à cette œuvre ! Dans ces moments déchaînés, on sent les limites de sa voix et on admire son sens du théâtre, de la passion, exacerbée dans cette œuvre. Elle vibre de désir. Il y a dans ce rôle tant de désir, tant d'appels – et tant d'insatisfaction ! Et cette douleur devient un plus fort désir…

Klytämnestre pousse ses hurlements en restant assise ce qui prête à rire et nous empêche d'imaginer le tapis sanglant qui se déroule car je conserve très présente à mon esprit la si belle mise en scène de Garnier et je ne peux non plus oublier le fabuleux trio, Ryzaneck-Nilsson-Ludwig – ou Varney, dirigé par Boëhm : splendeurs des mémoires.

16 janvier 1984
Théâtre des Champs Élysées
Margaret Price
(James Lockhart, Schubert… Strauss, Malher)

On l'écoute dans l'émerveillement, les larmes au bord des yeux, un sourire extasié sur les lèvres.

Elle est sublime : plénitude d'une voix !

Sa musicalité épouse la moindre nuance, son expressivité est d'une justesse suprême. Elle promet des années de bonheur. Elle est arrivée dans ses voiles et a attendu que tous ces vieux bourgeois cacochymes se calent le cul sur leur velours rose, toussent et crachent comme s'ils allaient, eux, se produire. Patiemment mais, tout de même, un peu irritée : on dut finalement faire l'obscurité dans la salle !

Le *Börsendorfer Impérial* ressemble à un énorme scarabée. Elle, dans une robe d'orchidée, son beau visage baigné d'une lumière douce et sensible, pareil à un large écran où allaient s'inscrire les peines et les joies de Schubert, d'un homme, nos peines et nos joies… Elle le chante dans le droit fil sensible mozartien dont on retrouve l'inimitable couleur, si profonde, si frémissante. Étincelant Strauss, art suprême dans Malher où elle approfondit la gravité jusqu'à toucher le plus profond, l'âme. Mon cœur, mon esprit vibrent et résonnent, tel le piano mélodieux, comme une mer dans la nuit.

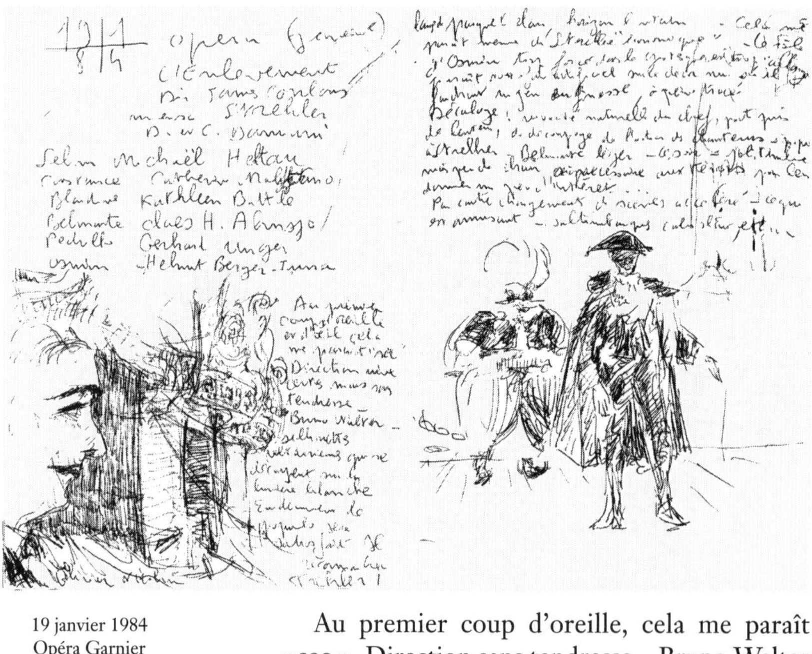


19 janvier 1984
Opéra Garnier
*L'Enlèvement au sérail*
(Colon, Strehler, Damiani, Heltau, Catarina Malfitano – Kathleen Battle, Ahnsjö – Unger – Berger-Tuna)

Au premier coup d'oreille, cela me paraît « sec ». Direction sans tendresse – Bruno Walter constituant la référence de cette notion. Les silhouettes voltairiennes se découpent sur la lumière blanche. Évidemment, le public sera satisfait : il « reconnaîtra » Strehler. *Miam-miam*, ce que je suis cultivé ! pense tout un chacun. Lames de parquet clair, horizon lointain, tout y est, toujours pareil. Cela me paraît même du Strehler « *économique* » ! Sur ce décor nu il faudrait un jeu en finesse, à peine tracé. Au lieu de cela, Osmin force le grotesque, « allonge » son jeu qui devient artificiel. Autres décalages : la vivacité naturelle du chef et le parti pris de lenteur de la mise en scène ; le découpage de l'action infligé aux chanteurs…

Léger Belmonte, peu de chair mais joli timbre, il faudrait que je lui trouve un peu d'intérêt ?

Amusants changements de scènes : saltimbanques cabriolant etc. Mais Constance, cette pauvre Constance chante atrocement : du vinaigre ! Ah ! Oui ! Toujours les souvenirs : Eda-Pierre, où es-tu ? Et où sont perdus les décors de la production Liebermann, tellement supérieure – Ce n'est pas assez lointain pour qu'on l'ait oubliée et que l'on puisse juger ce spectacle autrement que navrant. Un petit sourire : Blonden est une gentille « négrillonne » à la voix et aux façons charmantes.

21 janvier 1984
Id.

Je me suis acclimaté aux débuts ci-dessus, je constate des améliorations surtout chez Belmonte (Ahnsjö), le « velours » apparaîtra peut-être à la prochaine : il faudra vraiment venir chaque soir.

La pauvre Constance – Malfitano – toujours serrée. Le second air assez beau mais ce n'est pas un rôle pour elle, ou bien est-elle émue car son troisième air est mieux enlevé, avec une belle décision, il correspond davantage à sa voix naturelle. Là encore, il ne faut jamais tromper la nature, ce sont les voix naturelles qui s'imposent toujours dans Mozart. (Exemple de Kiri, lorsqu'elle nous apparut, ici même.)

Kathleen Battle est une révélation, on la voit déjà dans Despina ou Susana : vive, enjouée, si musicale.

Direction finalement assez au point, même si je n'en suis pas fou.

Amusant intermède d'un muet, vrai numéro de mime.

Duo très moyen. Toutes mes réserves viennent de cette pauvre Malfitano, ailleurs si belle.

On ne devrait pas monter un *Enlèvement* si l'on n'a pas Constance.

6 février 1984
Favart
*La Chatte anglaise*
Hans Werner Henze
(Russel Davis, Hope, Arnould ;
Duminy, Inga Nielsen, Bernadette Antoine,
Brewer, Reinhart, Marie-Christine Porta,
Éliane Lublin, Catherine Dulest,
Hélia T'Hézan…

Musique hétéroclite – ce qui distrait.

Clins d'œil à Strauss, Stravinsky et même un peu de crème de *Traviata*…

Ce que j'avais repéré dans la pièce de théâtre se confirme : il manque le nœud dramatique. Ou bien est-ce la fable qui élimine l'idée d'une action ? Petite mise au point : juste avant le spectacle, Hense donne au chef d'ultimes indications – ce qui plus tard déclenchera des murmures : le spectacle n'est pas très au point, il manque ceci, il y a trop de cela. Alors Boggiankino nous explique que, dans la meilleure tradition de l'opéra du XIX^e^ siècle, le compositeur a dû écrire quelques mesures supplémentaires afin de permettre un changement de décor. Bon, bon, ça va, tout le monde est content.

18 février 1984
Garnier
*Jérusalem*
Verdi/Alphonse Royer et Gustave Vaëz
Paris 1847
(Renzetti, Palamidese, Gastine, Simon ; Lucchetti, Carroli, Fondary, Dumont, Collins, Cecilia Gasdia)

On ne sort pas des liturgies *Moïse*, *Saint François*, *Jérusalem*… Ici l'encens ne manque pas. Le « grand genre » – d'avant 14 – plutôt réussi, mais pas très au point. Il y a même des *couacs*. Un Verdi très Tralala-Boum rigolo… qui oblige le chef à bondir, à catcher… Quelques traînes piétinées au cours d'une cérémonie dans une église toulousaine mais ça n'est pas grave. Le meurtre arrive très vite et le final du premier acte prend une magnifique dimension :

« *Malheur au fratricide*… » etc. Les voix, dociles, décollent avec la musique. L'acte II démarre par une invocation de Gaston (Lucchetti) à genoux dans les ruines d'un temple de Palestine. Problème de prononciation de tous ces braves lorsqu'il s'agit de chanter en français.

Hélène apprend que Gaston est prisonnier, les pèlerins arrivent, se lamentent; de l'orchestre sort une petite ritournelle genre kiosque à musique qui semble dire: il y a toujours du bonheur quelque part!

D'ailleurs, après quelques scènes assez ternes, les deux chéris se retrouvent, enfin, prisonniers chez l'émir de Ramla – les femmes d'otages pré-

sentes dans la salle comprendront. Mais celui-ci semble assez clément. On se prend à regretter que le Golfe ne fréquente pas le Palais Garnier.

Pour le final, joli duo assez conventionnel, bien verdien.

Certainement à cause de « la crise » on a supprimé l'entracte. Il s'agit pourtant d'une musique à entractes.

L'action rebondit comme prévu: notre jeune amie est devenue belle captive au harem de l'émir – et arrive enfin l'entracte, Dieu merci pour les *pias pias*!

Nous attendons la procession du quatrième acte (l'action est datée du XI^e^ aussi le décorateur n'a pas craint de dresser ici et là des colonnes gothiques!) Paraît notre amoureuse puis son fidèle héros qui nous explique, la main sur le cœur, comment le bourreau a brisé ses armes.

Mais le destin s'acharne, le couple attend la mort une fois encore. Le traître avouera-t-il?

Justement, il se pose la question cependant que nos chéris se lamentent dans de beaux transports.

J'observe un charmant trompettiste qui astique son instrument d'or avec sa moustache.

La bataille commence par un curieux tango. Dieu soit loué : le vainqueur est notre ami ! La jolie se précipite, le méchant devenu ermite se traîne pour avouer son forfait – terrible odeur d'encens qui fait éternuer la salle. Je me demande si nous allons lui pardonner : il a beaucoup trop tardé. On n'en peut plus !

Pourtant j'ai eu l'occasion de me souvenir de quelques morceaux de peinture célèbres qui ont directement inspiré les décors : la tente et ses trois guerriers affalés de l'avant-dernier tableau reproduit très exactement le *Songe de Constantin*, d'Arezzo…

23 février 1984
Id.

Je finis par aimer ce langage : « *Il respire ! Ô ! transports…* »

À l'entracte, je m'amuse à observer le metteur en scène – Simon – qui court en rasant les murs.

« *Ma gloire flétrrriie, famille, patrrriee, j'ai tout perdu* ! »

Chaque soir un peu plus, l'orchestre déconne et ce soir, Boggiankino n'est pas là pour les surveiller un peu de son avant-scène.

« *L'infamie, l'infamie, prenez ma vie… Mais mon honneur* ! *Ô mes amis, mes frères d'armes, voyez mes pleurs, voyez mes larmes… n'accablez pas un malheureux…* »

Œuvre délaissée à tort ou à raison ? Du même tabac que le *Moïse*… À tort ou à raison ? Un peu des deux !

Il y faut des décors somptuaires, justifiés par le peu d'intérêt de l'ensemble, des voix célèbres pour attirer le public, des chœurs superbes et pourtant, le succès est mitigé : les gens ne sont pas si cons pour prendre ces belles vessies pour des lanternes.

6 avril 1984
Garnier
*Werther*
Massenet/Blau-Milliet-Hartmann
Genève 1892, Paris 1893
(Prêtre, Samaritani ;
Valentini-Terrani, Krauss)

Vues de ma baignoire, les partitions éclairées ressemblent à des lanternes japonaises.

Prêtre, de plus en plus, prend une tête de tortue. Il fait tout pour extraire un maximum de sirop de cette musique.

Art et convention : pour celle-ci c'est insurpassable de poussière et de rides, on peut en éprouver une allergie.

On ferme les yeux sur la lourdeur et on écoute.

Ouais, ouais, Alfredo Krauss est parfait. Beaucoup mieux empesé que ma chemise, c'est certain.

Belles notes graves de Lucia Valentini-Terrani, l'éclairagiste est un assassin pour cette pauvre femme : une mère-grand viragonesque ! Et qui accuse encore le genre dans une façon trop tragique dès le 1er duo.

Acte II

La musique l'emporte. On est pris dans le charme, le cœur s'emplit, le fiel de l'esprit critique se tarit ; Krauss bande encore, les cordes donnent de grands coups dans son cœur, la passion emporte Prêtre un cran au-dessus, pauvre Alfredo ! Lucia prend de plus en plus une gueule de meurtre…

Acte III

On est dans du Louis XVI – Le Louis XVI, cela sent toujours la fin ! me confia une fois l'avertie mélomane, Adda de Hounountz.

Elle chante très bien son air, très dramatique. Ils en ont pour leur argent et applaudissent pour dissimuler leurs larmes de crocodiles.

Je l'observe qui salue pieusement. Elle doit partager une chambre avec sa copine Ricciarelli qui chante lundi à l'Athénée. Elles ont mis au point un numéro de *Stabat Mater* pour rigoler aux entractes en tenant des propos de poissonnières.

Alfredo nous a conduits au paroxysme de son air qu'il défend bravement, la main sur le cœur. Le public se déchaîne comme au Colisée, lui réclamant un bis.

26 avril 1984
*Boris Godounov*
Moussorgski/Pouchkine
Saint-Pétersbourg 1874
Générale
James Conlon, Petrika Ionesco,
Florica Malureau;
Ghiaurov, Martine Mahé, Marie-Christine
Porta, Anna Ringart, Tear, Koptchak, etc.

Quelle régression ! Décor sans invention – Tout pour ne pas déplaire aux conventions. Mise en scène nulle, à base de défilés symétriques de prêtres et de moines, foules imploreuses avec lanternes et mains tendues se traînant à genoux – avec oriflammes : cela fait plaisir !

Direction nerveuse, superficielle, qui laisse incrédule. Bel équilibre des voix dominé par Ghiaurov idéal : voix carrée, profonde, où scintillent des gemmes.

Le sommet du ridicule est atteint au deuxième acte qui montre des cabines d'établissement de bains à colonnes rostrales, peuplées de mignons.

18 mai 1984
*Boris Godounov*
Id.

Les mots sont tellement vagues, les phrases chargées de si peu de sens… Combien davantage nous dit la musique ! Je préfère même que le minimum de l'histoire m'échappe pour pénétrer dans un monde aux signes différents. Un monde dont je ne sais rien, qui me fascine, m'émerveille. Un monde qui réponde à un besoin enfoui, qui réveille un désir. Par exemple : en périodes « sentimentales », on peut se plaire à écouter des dames – souvent mûres – distillant des poésies légères sur des musiques de Schubert, Wolff, Ravel, Poulenc, etc. Ce que disent ces pauvres mots correspond assez exactement à la situation d'un cœur palpitant. Et pourtant ! La vie vécue n'est guère du genre : « *Il viendra ce printemps avec le rossignol…* » ou, « *Il partira comme les feuilles mortes…* » Ces doux mots rassérènent, chacun peut en faire comme un gant à son cœur.

Faisant suite à cette constatation : comment s'illusionner sur les semblants de vérité des « messages » de l'Au-delà, tarots, horoscopes et autres mancies ? Le sens qu'on finit toujours par leur trouver provient de l'application des assemblages de mots, lesquels s'adaptent à mille situations qui sont autant de vérités… Multiplicité des vérités ! Les idées-vibrations, les intuitions, ne s'emprisonnent pas dans les mots, leur monde nous est suggéré par la musique.

Lorsque nous arrivons à ne plus parler, à ne plus écrire, nous nous rapprochons de la vérité.

27 mai 1984
Bruxelles
Théâtre de la Monnaie
*Idoménéo*
Mozart/Varesco
Munich 1781

Gérard Mortier, sémillant directeur de la Monnaie, assistant de Liebermann à Paris, a eu la brillante idée d'entraîner notre syndicat de mélomanes vers les matinées de son nouveau théâtre. Les *Chemins de fer*, la *Compagnie des Wagons-lits*, pour la restauration, sont de la partie – l'apéritif est offert ! – Les dames de la société bruxelloise, après le spectacle et avant l'embarquement du soir, donnent une collation en leurs hôtels à leurs cousines, alliées ou amis de Paris – source inépuisable de compliments et politesses.

Ce jour-là, je ressentis enfin l'idée d'une séance d'opéra parée d'enchantement : je la dois au dépaysement, à Mozart, à Christiane Eda-Pierre. La journée commence donc par le plaisir des gares : on se retrouve, on s'embrasse… Il faut bien entrer dans le ghetto des relations, des « amitiés », du menu imposé au wagon-restaurant : le service unique démarre avec le train, les plats se succèdent, on rêve déjà de s'assoupir dans les fauteuils de velours rouge de La Monnaie…

Mais quelle belle trouvaille ! On pourrait aussi bien aller à Genève, à Barcelone, à Lausanne, puisqu'à Paris on restera encore quelques années, semble-t-il, dans la poussière et le pompeux.

Arrivée à Bruxelles, défilé jusqu'au théâtre, sympathique fausse négligence des élégantes tenues des dames, propos légers…

Pritchard dirige. Je retrouve des émotions, une plénitude sensible depuis longtemps inconnues. Magnifique Rachel Yakkar. Elle « touche » dès le premier air ; belles retrouvailles avec Eda-Pierre : pourquoi donc ne chante-t-elle plus à Garnier ?

Colonnes corinthiennes de Frigerio de part et d'autre de la scène, au fond une verrière où apparaît le merveilleux.

26 juin 1984
Champs Élysées
*Les Noces*
(Barenboïm, Ponnelle ; Groenross, Julia Varady, Kathleen Battle, Furlanetto, Susanne Mentzer…)

Je me rends à ces *Noces* avec encore le regret de n'être pas allé hier au *Voyage d'Hiver* – Brendel, Fischer-Dieskau – qui me semblait « hors saison » ! Quelle crétinerie ! Trouver une raison aussi idiote pour justifier un moment de paresse et se priver d'un moment sublime… Mais ne s'agirait-il pas d'une incertitude : et si, ce sublime, justement, on ne l'approuvait plus ? Ne vaut-il pas mieux alors, lâchement, abandonner la partie plutôt que de risquer d'être déçu ? Un tel sentiment signifie la sûre, la dégoûtante usure de la vie.

Cuvée médiocre. Mais pourquoi émettre pareil jugement d'amateur blasé alors que la musique est là ? Direction si vivace, avec les étincelles qu'il faut – malgré un parti pris de lenteur dans les récitatifs. Bon, Ponnelle possède l'intelligence des situations – le « métier », devrait-on dire – mais celles-ci souffrent de ce décor néo-palladien raté et, de plus, en ruines ! Y compris la chambre de la Comtesse ?

Ce soir, Varady, petite femme nerveuse aux aigus très coincés. (L'imprésario arrange au mieux les déplacements du couple : Fischer-Dieskau chantait hier soir.) Le Comte est un boucher assez inquiétant – comme toujours les lourdauds ; joli couple Figaro-Susana, très sévillan, aux ravissants costumes de satin et velours noirs, bonnes voix ; elle, « négrillonne » enjouée ; lui, à la voix trop grave mais qui relève ce défaut par beaucoup d'expression ; Chérubin possible, fraîcheur vocale qui peut être une qualité… pas exactement ! Marceline franchement mauvaise : Taillon n'est pas du tout faite pour

ce rôle où on l'affuble d'un déguisement 1900 !

Varady enfile périlleusement les perles du « *Dove sono i bei momenti Di dolcezza e di piacer.* » et d'ailleurs, l'une s'échappe ! Mais c'est assez joli quand même : elle ressemble à une mouette grise au bord de la scène – Dieu sait combien cet air me rend facilement lyrique ! Une mouette ailes battantes, vibrante, mais l'émotion que l'on ressent est peut-être faite du souvenir de tant d'émotions anciennes ?

Cela devient bien. C'est-à-dire, me touche : cette histoire de jardins m'offre une image de ma vie... Musicalement très réussi. Nos héroïnes se dissimulent dans de grandes mantilles de dentelle très sévillanes, tellement plus seyantes que les housses dont on les affuble d'habitude ; et puis, nous avons, pour une fois, affaire à deux gabarits assortis ce qui rend la scène vraisemblable, au lieu que bien souvent le Comte court après son énorme

Comtesse pendant que Figaro poursuit une minuscule Susana... J'aime décidément beaucoup ce Figaro.

« Barenboïm s'est retrouvé ! » me souffle une voisine marquant son visage de reconnaissance et de satisfaction. Il ne m'avait jamais paru perdu ? Dommage qu'il n'en soit pas ainsi pour Ponnelle : quel affreux charcutier ! Celui qui lui tresse des couronnes révèle son manque de goût et sa vulgarité. Voici un facile critère de jugement.

27 juin 1984
Pleyel
Claudio Arrau

Il est comme un vieux buffle avec un intérieur aussi clair qu'un ciel d'été. Côté aztèque : nez busqué dans la masse globuleuse du visage. Parfois, il semble pleurer vraiment… – je me trouve très près. Ses yeux s'écarquillent sur le clavier – des yeux d'aveugle, des yeux blancs. Son toucher magique se ramifie jusqu'en nos cœurs. C'est nous alors qui pleurons.

Le dessinant, je trouve qu'il ressemble au piano, comme un chien finit par ressembler à son maître – Non : comme un maître ressemble à son chien. Mais dans cet attelage, du piano et du pianiste, qui est le maître ?

Les mains levées, il attend l'épuisement d'un son comme on laisse venir la vague puis, soudain, avec force, la repousse vers la tempête.

3 juillet 1984
Garnier
*Les Noces*

Après la grève des musiciens, je retrouve enfin ma seconde Maison. Dans la même chronique des « faits divers », les gazettes évoquent le possible abandon du projet Bastille : si seulement ! Enfin, il ne faut jamais se laisser aller aux forces de l'habitude et du passéisme : un nouvel opéra ! Serait-ce si excitant ? Ne faut-il pas craindre des engouements au goût du jour, qui, ainsi vont leur chemin – pareils à la calomnie – et accouchent de monstruosité ? Trop d'incertitudes planent toujours sur de tels projets. Et puis, l'abandon prétendu inéluctable de Garnier pour le lyrique est-il tellement souhaitable ?

La masse brouillonne et morose de ces « réflexions » fait que ce soir je ne suis pas emballé. Le chef me paraît peu mozartien, la comtesse – Tatiana Troyanos – fort virile, même si elle n'est plus le Rosenkavalier, dernier rôle où j'ai pu la voir.

Schicoff assez vibrant, bien plus vivant que Krauss. À partir du deuxième acte Figaro-Quilico triomphe, de l'avenir, sans doute.

Telles seront mes dernières *Noces* – distraites ! – avant l'été.

25 septembre 1984
Garnier
*Macbeth*
Verdi/Piave et Maffei
Florence 1847
(Prêtre, Vitez, Kokkos, Sparemblek ; Bruson, Tomlinson, Shirley Verrett, Eva Saurova…)

C'est magnifique mais c'est trop !

28 septembre 1984
Garnier
*Macbeth*
(2e partie à cause d'une réception chez l'ambassadeur d'Australie ? !)

Je tombe dans un entracte d'agitations ravies – sauf de ceux qui ne le sont jamais : pias pias, baisemain, tralalas.

Je retrouve la « Rodin-manie » pétrifiée sur ses falaises de colonnades ruinées… Le ballet est trop long (Guizerix).

Après ces derniers quinze jours au cours desquels la Verret plus ou moins laryngitée a empoisonné tout le monde, spectateurs compris, la voici qui se révèle à nouveau étincelante dans le genre « grand art scénique », belle à mourir dans sa robe de velours bleue et sa cape d'or. Elle y croit elle-même, tellement qu'elle a le tort d'essayer le *contre-ré*, qu'elle ne peut plus risquer, mais elle « rattrape » avec élégance. La salle, frissonnante et émue, applaudit à tout rompre : on chérira toujours nos stars.

29 septembre 1984
Favart
*L'Étoile*
Chabrier/Vanloo
Paris 1877
(Burdekin, Erlo et Alain Maratrat ; Rapp, Colette Alliot-Lugaz, Véronique Dietschy, Martine Mahé, Sénéchal, Philippe, Duminy, Bastin)

Laoula-Tapioca : c'est dément !

D'abord, on trouve débile : ce pauvre décor suggère l'idée que l'œuvrette ne valait pas plus. Finalement, on se dit : « Trop est trop ! », et l'on rit de bon cœur – si l'on est de bonne humeur. On peut même admirer les interprètes qui distillent les paroles les plus insipides : « *Et puis, crac* » répète plus de dix fois Laoula-Véronique Dietschy. La musique est parfois jolie, légèrement ficelée. Lazzuli – Colette Alliot-Lugaz – gentil gavroche, est amoureux d'une princesse promise à un roi, Pouf Ier-Sénéchal. L'intervention d'un astrologue (bien sûr !) – Sirocco-Bastin, sauvera la situation pour le triomphe du travesti.

Tant de fil blanc ficelé possède un indéniable charme, honnêteté, fraîcheur, (faut-il des guillemets ?) qu'apprécierait un public ouvrier sans que cette notion indiquât la moindre nuance de mépris sur l'œuvre ou un tel public – encore qu'il me serait bien impossible de cerner ce que recouvre pareille idée à l'époque des « soirées-télé » ? J'entends : désir de divertissement sans arrière-pensées intellectuelles. À l'occasion de cette générale, on a justement invité le personnel du *Parisien Libéré*. Hélas ! Oui : pour le public traditionnel de l'opérette, la concurrence de la télé agit fortement contre un tel spectacle. Bah ! On ne manquera pas d'assister bientôt à l'engouement des intellos et des mondains pour ce genre méprisé, pour peu qu'on le leur serve sous forme de zarzuelas ou viennoiseries : il faut toujours se mettre au niveau ambiant.

28 octobre 1984
Nanterre
*Lucio Silla*
Mozart/Métastase
Milan 1772
(Cambreling, Chéreau, Peduzzi, Schmidt; Lella Cuberti, Stewart…)

Ah ! Mozart, encore et toujours, sublime musique. Tout est noué dans la tension, l'émotion. On est bouleversé de tant d'invention, de variété, d'intelligence des situations. Chéreau souligne encore cette vérité par l'équilibre parfait des mouvements, la précision de chaque geste. Décor tout

aussi intelligent : falaises grises aux légers reliefs d'architecture qui, dans des jeux de lumières, saillent ou s'effacent. Élégants, éclatants, passionnés chanteurs, imprégnés de l'œuvre. Près de moi, j'observe Chéreau, tel un montreur de marionnettes : chaque centimètre de gestes, là-bas, sur la scène, correspond à sa volonté. Je vois son doigt tendu, sa passion, sa fougue, son emportement à la moindre déception ou insatisfaction.

Schmidt, à côté, est plus somnolent : il peut être satisfait de ses costumes noirs, composés d'une infinité de tissus, velours, draps, dentelles, satins, lesquels, sous les lumières, deviennent infiniment précieux, beaux et justes.

Voilà que le beaujolais de l'entracte me met de méchante humeur et que je me lasse de tant de noir. L'ivresse rend aveugle.

Il reste qu'à Garnier ce *Lucio Silla* prendrait sa vraie dimension. Ici sa beauté échappe dans l'éloignement du théâtre, la couleur orangée, si vulgaire, des murs, les tuyauteries du plafond, etc. Importance du « cadre », y compris pour la mise en scène de nos sentiments !

Sans que le beaujolais ait un rôle déterminant, le deuxième acte souffre un peu de longueur. Me voici revenu de mes émerveillements – versatilité du public lyrique – force m'est d'analyser ce revirement : l'admiration était acquise. Musicalement, il n'y a pas à discuter. Mais j'en veux à ce décor, à ces beaux costumes, à ces éclairages parfaits, car ils épongent, ils gomment la beauté de l'œuvre. Dans un genre plus ringard – sans que cela devienne un cauchemar – la merveilleuse musique, l'action si bien nouée, seraient apparues davantage. Je ne veux pas systématiquement résister aux engouements, mais la sincérité la plus simplette vis-à-vis de moi-même m'oblige à noter ma déception.

12 novembre 1984
Pleyel
Caballé
– Donizetti, Bellini, Rossini –
Orch. Colonne ; Dir. Alessandro Siciliani

Une folle sicilienne qui dirige à coups de chevelure ! Belle cambrure, beaux mollets mais odieuse avec cette pauvre vache qui lui adresse pourtant des coquetteries de clins d'œil et de sourires… Les folles de Pleyel, jalouses, la siffleront un peu et trépigneront de joie pour leur diva adorée. Égale à elle-même, propice aux épanchements lyriques, elle écarte minutieusement les bras pour faire admirer les savants plissés fanfreluchonnés à souhait d'une robe d'impératrice antique, veuve, ou quelque chose comme cela…

Moqueries mises à part, elle déploie ses rideaux de musique, distillant ses airs favoris avec un art consommé. Mais ce serait moins ennuyeux si l'on avait le droit de rire.

3 décembre 1984
Opéra
*Tosca*
(Conlon, Auvray, Chambas,
Franca Squarciapino ;
Hildegard Behrens, Pavarotti, Bacquier)

La vie : suite d'énervements, d'improvisations. Lorsqu'il y a un sourire, on croit que tout s'arrange. Je change d'idées, de gestes car j'ai peur de rencontrer une peine, une contrariété, je devrais rester chez moi, lire Saint-Simon. Je vais « lutter » pour voir la générale de *Tosca*, c'est-à-dire lutter contre moi-même. À quoi bon encore se lancer dans toutes ces pattes des affreuses gens de l'Opéra – on croirait l'asile de San Clemente photographié par Depardon que j'ai vu ce matin et qui m'a fait mal au cœur – et ici, c'est pire que cet asile de monstres car c'est un monde d'insincérité.

Acidités diverses. Évidemment le problème avec les monstres sacrés c'est qu'on les épie – il joue le macho lorsqu'il l'attend mais ressemble vraiment à un sac de farine… La fin du premier acte est éprouvante pour Bacquier. Elle, la tête dans les épaules, n'est pas une Tosca et pourtant, lorsqu'elle sera un peu échevelée, on se rendra compte qu'elle est une grande tragédienne – on peut s'en souvenir aussi… Mais ce n'est pas une Tosca… La direction de Conlon part dans tous les sens. Grande intensité mais pas une vision passionnelle qui nous donne les coups de couteau dans le ventre qu'on attend.

Je voulais dessiner Tosca les mains jointes. Je la fais mains croisées, dévoilant ainsi ma pensée sur ce spectacle ennuyeux. Et oui : malgré la voix de velours du Patapouf, l'intelligence de l'Allemande et le jeu extraordinaire de Bacquier.

10 décembre 1984
Théâtre des Champs-Élysées
Orchestre National de France
Pierre Boulez
Debussy, Ravel, Amy, Messiaen

Pierre Boulez a un côté vizir et oiseau à la fois : fin profil, mains souples et précises, exemplaire finesse de sa direction. Mais, dans ce programme, encore et toujours s'infiltre l'ennui… Chacun écoute, admire, pense à autre chose de temps en temps, se félicitant pourtant d'être là. D'ailleurs, il y aura un cocktail à la fin, après Messiaen ! Son morceau me paraît hétéroclite. Un bel *Alléluia* au parfum extrême-oriental croisé de comptines. De plus, il y a une histoire, une dramatisation qui complique la saveur à éprouver. Peut-être cette Phyllis Jonsthon ne me plaît-elle pas assez pour que ce qu'elle me raconte me touche ? Lorsqu'elle chante quelque chose qui ressemble à «… *les eaux amères de mon cœur*… » on entend «… les emmerdements… », mais on n'a même pas envie de sourire car aussitôt Jésus arrive « *qui donne le pain de la vie*… » Parfois, il y a une vague qui se soulève et c'est beau. À la fin, il faut applaudir, c'est obligatoire.

28 janvier 1985
Opéra
*Tristan und Isolde*
Wagner
Munich 1865
(Janowsky, Hampe, Pagano ;
Ute Vinzing, Gwyneth Jones, Kollo, Johns,
Nadine Denize, Waltrand Meir, Moll…)

Je suis venu pleurer et je râle. C'est le climat le plus anti-poétique que j'ai jamais vu, des lumières crues sur de vieux visages. Isolde : une tenancière grimaçante ; lui se défend un peu mieux, et mon œil critique plie l'oreille à entendre les mêmes défauts. De la lourdeur partout où il faudrait de la magie.

Elle ressemble à Suzy Lefort et lui à Roger Hanin. Dieu soit loué, ils boivent le philtre, les lumières s'éteignent, on commence à y croire. Et l'on comprend ce que Wagner aimait de la passion… Les voici tous deux à murmurer leurs noms, balbutiants, haletants, au comble de l'émotion.

Deuxième acte, dans la pénombre de la forêt. Très beau passage et présence magnifique de Kurt Moll. Le Roi Mark, à la voix de bronze comme sa statue et son jeu.

16 février 1985
Théâtre des Champs-Elysées

Maria Jao Pirès joue en se riant un programme « facile », Mozart, *Sonate en la mineur*; donnant ce que l'on espère, Schubert, *Sonate en sol mineur*. Elle ressemble à quelque Despinetta.

Chopin, *valses*... ou à une couturière; elle joue penchée sur l'ouvrage avec une exceptionnelle sincérité. Le piano inspire les poses du public: des têtes rêveuses basculent dans une extase feinte; des doigts pianistiques courent sur les accoudoirs de velours; ce vieux grincheux s'est assoupi, la tête sur son bréchet; il y a même un pied plâtré – le dernier ski – qui sort de l'ouverture d'une loge...

Et moi, je m'enlise dans des souvenirs imaginaires, je me vois gravir une rue de Vienne dans un pauvre quartier, des marches de bois blanc, un couloir, une porte, une petite cheminée, un lit, une table, je m'assois un plaid sur les épaules et je dis à la musique toute la lourdeur de mon cœur, et elle me répond par la plus légère des mélodies...

Les valses me font capturer un sombre regard...? Cela devient un échange de sourires, lesquels se dissiperont dans la cohue de la sortie, hélas! Je repense à son art vraiment superbe dans ce Schubert: revenir vingt fois sur le motif sans l'affadir!

16 février 1985
TMP
*La Traviata*
Verdi/Piave, d'après Dumas Fils
Venise 1853
(Renzetti, Tessifore, Garbuglia)

Pas mal dans le genre sous sous-Visconti – y compris le divan – et *Il salotto delle specchi* au palais Gangi… La Diana Soniero joue assez juste, elle hurle et c'est assez spectaculaire ! Dene Gyulias est le parfait ténor empoté – on pense toujours que les gros sont plus tendres… Ce genre de musique passionnelle forme

mon cœur au déséquilibre sentimental. On n'apprend pas à être heureux avec tout cela… Ah ! quelle détestable histoire de famille, produit parfait de ce XIXe siècle…

On la plaint toujours un peu. On s'identifie à elle, bien sûr : c'est si agréable de souffrir, cela permet de savoir qu'on existe.

À l'entracte, on ne me parle que de Maria, et toujours on parlera de Maria… À la fin, elle en fait un peu trop, mais je l'aime bien. Il faudrait peu pour qu'elle soit parfaite. L'amour, ce qui fait les plus belles histoires !

Musicalement, ils s'en sortent, le chef dirige avec de l'estomac et la main caressante – cordes douces. Le décor est très très chic, ce papier d'argent peinturluré de guirlandes et de gros angelots est affreux mais quelques beaux éléments de brocante. Le ballet espagnol : une horreur de vulgarité.

11 mars 1985
TMP
Orchestre National de Lyon
Maurizio Arena, Margarita Castro Alberty
Verdi – Donizetti

Plaisir de retrouver un petit monde musical après les rumeurs des bombes. Toujours pour les autres ? Ce joli visage de la photographe sur ses marches, les folles piapiatantes et complimenteuses – ces menteuses me couvrent de compliments.

Ferranti, retour enthousiasmé de l'Inde, où il accompagnait Fernandez que j'avais envoyé en mission et, donc, me bénissant.

Élégance de Maurizio Arena qui attaque le tralala boum boum avec l'entrain qu'il faut pour nous mettre en appétit – (ouverture de *Nabucco*). Puis elle arrive, tout à fait un petit cochon de lait dans une robe qui dessine ses formes. Amusant petit bourrelet de cul comme retroussé. Grosses mains aux doigts pointus, épaules arrondies. Elle nous file des notes ravissantes – qui ne nous font pas oublier la vache espagnole de ses débuts ! C'est assez vrai ce que je disais à B.D., que toutes ces dames furent mes bonnes-mamans à la tendresse très satisfaisamment répandue sur mon cœur. Que de joies, d'émotions, de palpitations elles m'offrirent, combien elles me laissèrent les admirer, les aimer, les détester. Combien je les aime toujours, avec leur physique de mères nourricières, leurs seins offerts à tous, leurs mains ouvertes, leurs flancs lourds que l'on devine sous les robes toujours d'un goût moyen mais recherché. Application vaine des mères à plaire à leur progéniture ! Les bijoux : autres symboles de baisers du soir douloureux. Mais ici, les bijoux sont prodigués pour l'assouvissement de nos rêves, et la voix s'élève dans la nuit pour nous protéger.

Sensation précise d'être à la fin d'un monde : faire-part de Lucienne Couvreux Rouché qui ferme l'Alliance Française à Venise qu'elle commanditait depuis 40 ans. Téléphone de R.T.T. pour m'annoncer la mort de Frédéric de Saxe, en Bavière. Je me remémore tous les énervements que ces deux-là, l'une à Venise, l'autre à Duino, me procurèrent ; mais la mort, la fin des choses, n'assure que l'amertume de mon cœur. Ces êtres furent aussi ma vie, aussi improbables qu'ils se représentassent dans le quotidien du vingtième siècle ! Mais, justement, ce caractère totalement original et infiniment civilisé, s'intégrait à l'ambition de ma propre vie, que je voulais placer au-dessus de toutes contingences et compromissions. Ces personnages lui transmettaient comme une possible justification. Celle qui m'offre parfois la distance nécessaire à surmonter la médiocrité des situations et obligations auxquelles je suis soumis. Aussi pensai-je à eux avec une grande tendresse faite de saveurs rares, fondues dans l'unique miel du temps et de ses dons enfuis.

23 mars 1985
Favart
*Hyppolite et Aricie*
Rameau/Abbé Pellegrin,
d'après *Euripide* de Racine
Paris 1733
(Christie, Pizzi ; Cameron, Danièle Borst, Anne Howell, Véronique Dietschy)

« *Oui, vous pouvez aimer au gré de vos plaisirs…* »

Au début, on peut interpréter toutes ces bergeries comme des miaulements ; mais aussi, très vite, s'abandonner à un rythme si différent qu'il constitue une manière de bonheur. Décor parfait, pompeux et baroque à souhait. Peut-être les colonnes penchées dans les bras d'Atlantes en constituent-elles l'humour ?

Mais un tel sentiment dans Rameau serait jugé hors de propos et constituerait une « faute de goût ». Enfin, c'est beau. Et le beau parfois ennuie… Aux enfers, je m'éveille, la musique décolle, le clin d'œil y est ! les Parques sont des travelos, le texte ne manque pas de sel : « *Pour trouver les enfers chez toi…* » – on regrette Jessye qui donnait tout d'elle-même à Aix – c'est-à-dire beaucoup ! se démenant dans ses voiles rouges.

La fin est superbe, la passion, le désespoir ne concernent plus la mythologie mais notre destinée. Il ne s'agit toujours que de cela. L'ambiguïté y est reconnue : « *Nous serions coupables tous deux* » chante Thésée qui partage notre vérité humaine. « *Hyppolite n'est plus* », lamento du chœur.

« *Il n'est plus, ô douleur nouvelle* ».

22 avril 1985
Opéra
*Woyzzek*
Alban Berg
Berlin 1925
(Von Dohnanyi, Ruth Berghaus, Schaal, M.L. Strandt; Anja Silja, Gottlieb, Cathcart, Dumont, Fryatt, Anna Ringart)

L'Allemagne minutieusement caricaturée. Il y a tout ce que j'en connais… Cohérence avec la musique où les échos les plus ténus de l'âme s'entendent parmi les fanfares. Et l'homme, dans la totalité de son désespoir, se révèle, c'est-à-dire s'enfouit dans sa tombe, dans sa folie, chacun par

son chemin propre, inexorablement… L'orchestre décrit distinctement ces poursuites avec, pour chacun, les espoirs et la dérision d'espérer. Tout est perdu, il ne reste, ici et là, que des moments bruissants d'indulgence.

Pas d'amour entre les hommes. Et les caricatures très vite reprennent le dessus. Mais elles ne vainquent pas davantage. Triomphe du malheur dans des décombres de béton, hérissés de leurs armatures de fer, où les lumières jouent sur les couleurs amenées par la musique, par les sentiments des hommes, de la tendresse à la haine, jusqu'à la mort aux signes permanents.

3 mai 1985
Opéra
*Alceste*
Gluck
Vienne 1767
(Schoenwandt, Pizzi; Shirley Verrett, Valeri Popova, Mc Cauley, Lafont, Melbye…)

Saint Palladio ! Pur foie gras blanc, pur Pizzi… Je m'assoupis vite, malgré la façon de chanter de Shirley – tout à fait ratée ! Je maudis Boggiankino d'embaucher cette star sur le retour : elle n'en peut plus, et son bluff n'y suffit plus. Elle ne fait

que poitriner – pas de médium et tout vacille… Sans doute a-t-elle gardé son énergie, son talent pour les *Divinités du Styx*, qu'elle défend comme un serpent, lovée sur la couche royale, les bras tendus, le souffle large, déroulé, les veines du cou saillantes, elle joue juste et parvient à m'exalter. L'air est aussi plus excitant que le reste, qui se traîne :

« *Je cherche tes regards*
*Tu détournes les yeux,*
*Ton cœur me fuit* ».
7 mai 1985

TMP
*Capriccio*
Richard Strauss
Munich 1942
(Pritchard, Cox, Pagano)

Ce n'est pas léger, c'est « distant », et de la distance du temps. Qui est passé et que l'on contemple avec émotion : tous les visages, les cœurs qui ont défendu l'œuvre d'art, la beauté… Un monde sensible, intelligent sans que cela pèse autrement que par le jeu des conversations sur des thèmes choisis, tout à fait banals, ce qu'on appelle la vie… L'idée de la conversation, c'est déjà avant l'idée de l'amitié. L'amitié merveilleuse source de musique, de poésie, d'échanges… L'indifférence d'esprits ornés, qui brodent et recueillent l'essentiel, l'enrichissement du temps, de la vie.

18 mai 1985
Opéra
*Un Ballo in Maschera*
Verdi/Antonio Somma
Rome 1859
(Gelmetti, Hamilton, Rose ; Natalia Troistskaya, Pons, Fiorenza Cossotto, Hélia T'Hezan, Ichihara…)

Quelle poussière partout, y compris dans les gosiers. Production de Covent Garden de 1953 ! C'est une honte de montrer cela, on fait tout pour fermer la boutique, je ne peux y voir d'autre explication. Le chef ressemble à Gambetta et dirige comme un tribun… Et Ulrica-Cossotto, elle aussi de 53 ! et M^me^ Fabius que je vois au premier rang de la corbeille…

Luis Lima a les façons d'un chanteur d'opérette. Amélia est habillée d'une robe à plis marron, une écharpe autour de la tête achève de la déguiser en capucin. Voici le mari, Renato, immense baudruche, armoire qui chante. L'invraisemblance est à son comble, peut-on dire alors qu'il s'agit du nœud dramatique ? Enfin, l'armoire découvre que le capucin est une femme. Le roi mourra, c'est certain, car il ne fait pas le poids.

12 juillet 1985
Opéra
*Tosca*
(Conlon, Auvray, Chambas ; Raina Kabaivanska Pavarotti, Bacquier…)

Reprise de fin de saison. Ils me paraissent tous vieux, les gosiers plaqués de ferraille. Elle prononce l'italien, une merde dans la bouche. Décors chancelants. On regrette le brillant passé – je me demande si eux aussi, de la scène, nous voient vieillir ? Car le public, peut-être touristique, me semble bien fatigué et content de tout. Conlon fait ce qu'il sait, sans génie mais sincère – on sourit à la musique, aux airs comme une mammie gâteuse, toujours ravie de revoir ses enfants, et indifférente… La force passionnelle, le rythme musical du 2e acte éloignent l'esprit critique, le ventre est touché enfin ! Son « tempérament russe » réussit à son jeu. Sans doute la passion ne connaît pas de frontières. Elle pousse quelques beaux cris. Les *Vittoria*, *Vittoria* du Mario ensanglanté sont bien ceux d'un blessé !

Ensuite, la voici affaissée elle aussi pour chanter, assez bien, sa prière. Après toutes ces émotions, on la comprend de jouer comme une petite femme nerveuse.

13 novembre 1985
Opéra
*Le Siège de Corinthe*
Rossini/Balocchi et Soumet
Paris 1826
(Ostman, Pizzi; Furlanetto, Martine Dupuy, Ricciarelli, Rayam, Peters, Courtis, Eva Saurova)

Je retrouve mon ancien palais Garnier comme une veuve qui chercherait ses souvenirs heureux près d'une tombe… Le Rossini « historique » n'est pas celui que je préfère, non plus que la Ricciarelli, en porte chapeau de la distribution.

Toujours le même canevas: Cléomène, gouverneur de Corinthe, a une fille, Pamira, de la-

quelle Mahomet II, le sultan turc vainqueur, est épris, etc. La poussière mentale qui préside à la production n'est pas faite pour arranger mon rhume.

Ricciarelli, très approximative dans ses hurlements: goutte à goutte très acide mais qui plaira. Son père – Curtis Rayam – est un gros noir, dont la prononciation fait rire.

Il faut de vrais monstres sacrés pour défendre de pareilles œuvres. Celles-ci ne sont que de pâles copies des Caballé, Horne et autres ogresses-bonnes mamans. Évidemment, au 2e acte, débarque le fiancé grec promis à Pamira – Néoclès – Martine Dupuy, assez garçon… – prisonnier, alors que Pamira roucoule dans les bras de l'ennemi. « C'est mon frère! », s'écrit-elle. Le ballet, féminin et lascif, chargé de distraire le couple, nous avait suffisamment endormis pour qu'on ne s'étonne plus de rien.

Ce Pizzi a installé son bazar, de colonnes, de tombeaux, de tours néogothiques dorées sur des escaliers, ce qui ne leur ajoute rien.

Entracte charmant avec Véronique Dietschy. Aperçois Raffaelo de Ban-

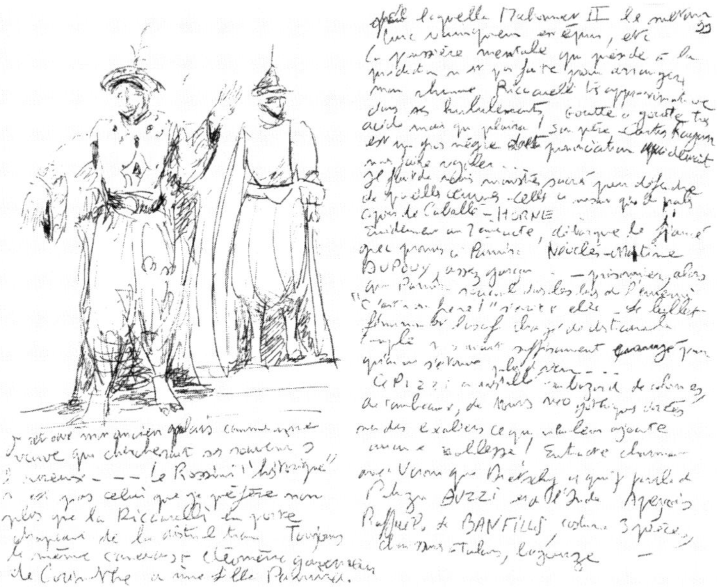

fills, costume 3 pièces, chaussures à talons, bagouze : qui connaît ce personnage proustien ? Dois-je jouer encore au snob frotté du monde Mittle Europa ? Est-ce leur rendre à tous un discret hommage que de citer quelques anecdotes sur ces sujets des Habsbourg ? Banfills était d'une ancienne et riche famille de Trieste dont on apercevait la luxueuse villa près du phare, lorsque nous arrivions de Duino. Il possédait la flotte de ces petits bateaux qui permettent aux paquebots d'entrer et de sortir des ports de l'Adriatique. Malgré un goût affirmé pour son sexe, il crut satisfaire pleinement son snobisme en épousant une Savoie et en s'installant en partie à Neuilly. Cela fut le commencement de la fin…

Le troisième acte permet à la loi naturelle de triompher : Néoclès pardonne à Pamira, le père les bénit, etc. Mais la victoire est incertaine au 3e acte, nouvel assaut des Turcs, Pamira préfère mourir, le rideau tombe sur une lutte sans merci, on s'en va en baillant.

Ainsi, peu à peu, se fermera ce palais Garnier, un palais sans maître – Boggiankino ne sera pas remplacé, et les valets qui assument la survivance pensent à tout autre chose.

3 décembre 1985
*Roméo et Juliette*
Gounod/Barbier et Carré,
d'après Shakespeare
Paris 1867
(Valdès, Lavaudant, Vergier; Krauss, Anne-Marie Gonzalès, Doumène)

Ce soir, cette musique m'enchante, un flot de sirop – les chœurs font un brouillard musical qui me touche beaucoup aussi. Puis un peu de *Tagada boum boum* léger, assez charmant.

Les chœurs empaillés, y'en a marre, ils sont tous là, raides comme des bâtons, à chanter : « *Le plaisir d'un gai moment*, *que la fête recommence*, etc. », des ânes bâtés.

Et Alfredo, le plus que parfait, distille quelques liaisons bien hasardeuses.

« *Oh ! Lève-toi, Soleil, fais pâlir les étoiles. Parais, Parais, astre pur et charmant* »… Là, j'adore, il est divin. (ovations infinies et méritées).

— Question de l'amour et de la réalité :

« *N'es-tu pas Roméo* ?

— *Non, je ne veux plus l'être* ! » (premier acte)

« *Non ce n'est pas le jour, ce n'est pas l'alouette* », (deuxième acte), etc.

— Importance de la nuit dans Shakespeare. Nuit mesure du temps, « *Oh*

*Nuit Divine…* », description de l'écoulement du temps, nœud de tous les drames humains. « *Dis-moi en quel jour, à quelle heure, en quel lieu…* »

Peut-être les gens affairés, téléphone à la main en permanence, jouent-ils leur vie sur un semblable registre de palpitations ?

19 décembre 1985
Kiri Te Kanawa
Favart
Belle comme une aurore, épanouie, resplendissante !

On a l'impression que sa voix, dans son étendue, dans ses nuances est inépuisable, mais très limitée dans son répertoire. Elle excelle dans la musique « allemande ». Deux poèmes de Victor Hugo d'une sensualité irrésistible, humides à souhait…

Grande scène d'adulation qui explose avec le *Vissi d'arte*… Saluts, rappels, génuflexions ; le pianiste ressemble à un brochet ; elle est la sirène qui glisse dans nos souvenirs enchantés et nous échappe derrière le rideau rouge… Mais comment lui dire de se « spécialiser ». Les quatre Liszt étaient sublimes ; nos Français exigent un tempérament plus souffreteux, Puccini, plus de ventre, etc. Elle pourrait nous éblouir tout à fait si elle se cantonnait à Mozart « allemand », à Strauss… Quant aux *Bourrées auvergnates*, de Canteloube ; le jugement m'échappe : je m'endors un peu, cela me paraît trop extérieur à sa personne et à son talent, même si ce musicien a dédié quelques pièces à une de mes aïeules.

20 janvier 1986
Opéra
*La Traviata*
(Mehta, Zeffirelli ; Cecilia Gasdia)

On est séduit par les plissés des rideaux, les mouvements des décors, l'obscurité de la première image qui, plutôt que les lustres, les miroirs et les velours convenus, laisse présager des merveilles. Très vite, on s'aperçoit que tout est raté, que les rideaux sont en plastique peint, que les mouvements des décors sont gratuits et bruyants, que Gasdia, ce soir, n'a pas la voix de Violetta, que Aragail est imbuvable, que l'on ne peut croire à rien de cette histoire, que l'amour n'existe pas. L'amour n'existe pas, alors on s'ennuie.

Je ne me sens pas Violetta, malgré les larmes qui coulent de ses yeux car je n'aime pas Germont… Cette musique représente un tel artifice !

25 janvier 1986
TCE
Margaret Price
Schubert
Geoffrey Parson

On sent qu'elle peut être tellement heureuse, rutilante de joie, irradiant le bonheur, avec toutes les ombres de la nostalgie, de la fugacité du temps, de l'illusion que l'on poursuit dans les sourires ; elle sait bien que le fond, la vérité, est la solitude, et que nous vivons pour l'oublier – ce que nous appelons vivre ! Elle donne à Schubert sa vraie dimension, son sentiment le plus juste.

Elle répand sur la musique son exaltation incomparable, la vibration d'un cœur qui cherche à transmettre son message. Aussi, peut-elle se représenter ainsi, en poupée, fardée, scintillante, dans une soutane incroyable. On la bénit. À la fin, après de nombreux bis, au comble de l'émotion, elle pleure comme une enfant qui a tout donné, ou qui a cassé son jouet merveilleux.

9 février 1986
Garnier
Gala pour le Sida (seul avec tout le monde)
Térésa Berganza
Pergolèse, Haendel, Haydn, Rossini, Thomas, Massenet, Bizet, Turina, Montsalvage, Granados, De Falla.

Leçon de chant, d'esprit, d'élégance. Elle est époustouflante de savoir et de charme. Comme ce type à la Scala, un soir, j'ai envie de lui crier : « Vive l'intelligence ! »

Robe blanche (d'Azzaro), la taille prise dans un châle pailleté… Puis elle deviendra un cygne noir… Je retrouve cette sensation de bonheur qui, depuis si longtemps, m'avait échappé, je dirais un bonheur « méditerranéen »… Bien plus enfoui que les fibres latines que l'on sait, que l'on apprend : une part de nous-mêmes d'avant Charles Martel. Le sang arabe qui coule dans mes veines se réveille à cette apparition. Térésa est l'aboutissement parfait de l'occupation mauresque dont elle exprime la quintessence lorsqu'elle nous emmène dans les jardins de Turina, Granados ou De Falla : promenade enchantée…

Irrésistible – en bis – dans le *zapateado* de la *Habanera* de Gimenez. On se demande, la voyant, comment résistent tous ces homos – la salle ! – à ne pas aimer les femmes.

22 février 1986
Favart
*Le Tour d'écrou*
Benjamin Britten/Henry James
1954
(Pritchard, Hampe, Gunter ; Brewer, Isabel Buchanan, Bergius, Machiko Obata…)

Magnifique ! J'entends dans cette musique comme des relents straussiens. Le monde dans lequel nous vivons est ainsi troublé pour que des reflets nous effleurent, des soupçons, des inquiétudes…

Seuls, les enfants, persuadés, montrent aux hommes le poids du monde qu'ils nient, la réalité de la mort.

28 février 1986
Châtelet
*La Donna del lago*
Rossini/Totola, d'après Walter Scott Naples
1819
Orch. de chambre de Lausanne
(Lewis ; Merritt, Leila Cuberli, Lucia Valentini-Terrani)

L'histoire néo-gothique mêle amour et rivalités historiques, ce qui permet des airs glorieux, bras tendus et mains sur les cœurs.

Tous excellents, mais je suis fasciné par Malcolm – Lucia Valentini-Terrani, visage de sphinge, mains nouées, des graves de contrebasse, des envolées de violoncelle… Cuberli, parfaite, si mozartienne dans son chant…

La sublime Malcolm, persuadée qu'elle est un homme, nous offrira quelques larmes comme à chacune des rares fois où il nous est donné de contempler la perfection.

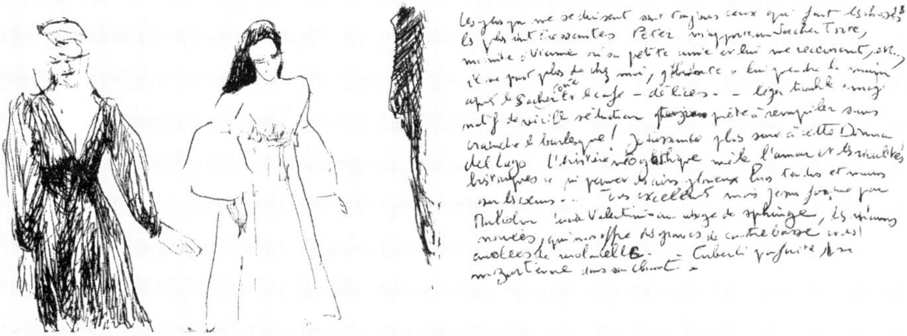

14 mars 1986
Châtelet
*Maometto Secondo*
Rossini/Cesare Della Valle
Venise 1822, Paris 1826
(Scimone ; Merritt, Cecilia Gasdia, Margarita Zimmermann, Normand, Alamo)

Je me retrouve à Pesaro dans le bonheur d'une fin d'été emplie de fantaisies et d'amours : nos moments de bonheur sont souvent faits de souvenirs ?

La tragédie guerrière n'est prétexte qu'à de délicieuses roucoulades de pigeons galants, grelots de fêtes où chacun tient un premier rôle en forme de feu d'artifice – illuminant de satisfaction les faces les plus obtuses du public. Un beau jeune homme secoue un instrument en forme de panier à salade couvert de grelots, on est en pleine fête.

Ah ! La vie, quel roman ! Et celui de ce soir est encore plus incompréhensible. Les protagonistes défendent leur histoire avec un art si magnifique que l'invraisemblable offre un sujet de plus à s'émerveiller. Margarita Zimmermann en général vénitien, vêtue d'une espèce de housse tuyautée, ressemble à une méduse, alors que Cécilia Gasdia – Anna, promise par son père au fameux général – moulée dans des écailles argentées, paraît une sirène.

Belles prestances ventrues et fessues des « hommes » aux gosiers valeureux. Vivats mérités à tous dont Scimone qui tire les ficelles avec humour et sympathie.

22 mars 1986
Champs Élysées
*Aïda*
Verdi/Ghislanzoni
La Caire 1871
(Dir. Thomas Fulton ; Susan Dunn, Alexandrina Miltcheva, Martinucci, Pons, Roni, Courtis)

Ce jeune chef américain est plein d'allant, sympathique, sa notice biographique porte la mention discrète habituellement réservée aux divas : « *Né il y a une trentaine d'années…* » ; l'Aïda – Susan Dunn – est une bonne fille laiteuse qui se défend assez bien ; Amnéris, du genre ulcéré ! (Alexandrina Miltcheva) ; hommes vaillants surtout Radamès – Nicola Martinucci.

On se trouve un peu somnolents malgré le bastringue – car la direction est musclée ! Bah ! On n'est jamais content : Bercy est trop grand – et trop laid si l'on pense à Vérone, et ici, cet orchestre dans sa niche de bois, nous inonde de décibels.

Le cher public estime donc en avoir pour son argent et applaudit à tout rompre.

Troisième acte :

Beau duo ! Amonastro – Juan Pons –, rugbymen catalan, se coince une couille quelque part dans les plis de costume de l'entrejambe, et je le vois, malheureux, bougeant sa jambe, enfin, beuglant la main sur le cœur : ouf ! Tout est en place.

Dans le métro du retour rencontre de Jorge Donn que j'ai aimé et connu en Avignon, alors qu'il partageait la vedette – et l'amour – de Béjart avec Bortolucci (?) : « Vous êtes toujours aussi beau !

— Oh ! C'est dur ! » soupire-t-il.

12 avril 1986
Opéra
*Salomé*
Richard Strauss/d'après Oscar Wilde
Dresde 1905
Nagano, Lavelli, Biguens ; Edda Moser, Tear, Viorica Cortez, Brocheler, Cole…

Le chef est un simili Ozawa qui dirige avec une grande vigueur.

Décor d'autant plus ennuyeux qu'on sait qu'on va devoir le supporter jusqu'à la fin. Quoique Ève Ruggieri, croisée à la « boîte à sel » – ainsi nomme-t-on le guichet où l'on retire les invitations – m'ait claironné : « On se parle à l'entracte ! » Donc, ce décor : un fond de blockhaus enfoncé dans une mer sableuse où s'engloutissent les symboles de quelques civilisations – rien de moins : une colonne grecque, un Christ en croix, une voiture emboutie (?), une aile d'avion…

Nazaréens et soldatesque déguisés en guérilleros – ce qui est fort démodé ? Quel que soit son talent, Lavelli me semble éculé : il faudra bientôt lui confier un théâtre de province à administrer.

Edda Moser – Salomé – drapée dans une tunique noire prend des poses qui lui font singer les personnages de Balthus. Jokanan émerge de son caveau en pyjama blanc, Robert Tear et Viorica Cortez, vêtus de peaux de chèvre (du sous Chéreau-Pedduzzi-Schmidt), s'en sortent assez bien. De même façon, lors de sa *Danse des sept voiles* traitée en porno-rétro : elle nous montre ses cuisses blanches et dodues, sa culotte de nylon noir ; avec des reptations lubriques, elle se dirige vers Hérode auquel, tout simplement, elle taille une pipe. La brave salle rit ! Était-ce la bonne réaction ?

Après cela on peut penser : la fascination de la destruction est un des rouages de l'amour, destruction de l'autre, appropriation, destruction de soi-même, aboutissement souhaité de la mort.

Les applaudissements font comme la pluie sur les toits…

28 avril 1986
TMP
Gwyneth Jones
Geoffrey Parsons

Lui et son pianiste sont habillés en barmans pour ce récital piège à cons : ¼ piano, ¼ chant, ½ applaudissements, saluts et divers cabotinages.

Dès le troisième air, petits baisers de la star pour nous informer qu'on en est arrivé à l'entracte !

18 juin 1986
Champs Élysées
Alfredo Kraus

On sort de cette séance de casino – Vichy 1932, ai-je indiqué sur mon dessin – pour tomber dans les pâmoisons des teintes en blondes. Dans le genre chanteur de charme hispanique, je préfère Julio Iglesias.

Je m'attendais au pire ! Superbe rideau de scène noir aux motifs funèbres d'argent. Pas de mise en scène. Dupuy (Don Carlos) n'est pas devenu plus laid et n'a produit qu'un couac, Lagrange (Elisabeth) a réussi à laisser à l'écurie le cheval sur lequel il était prévu qu'elle apparaisse, et d'où elle est tombée le soir de la générale. Les costumes sont laids et noirs, rien ne passionne : on a ainsi l'esprit libre pour la musique que Prêtre dirige avec beaucoup de tripes.

27 septembre 1986
Garnier
*Don Carlos*
Verdi/Camille du Locle
Paris 1867
(Prêtre, Marelli, Dagmar Niefind ; Ileana Cotrubas, Michèle Lagrange, Raffanti, Villa, Muff, Koptchak, Alexandrina Miltcheva, Nadine Denize…)

Pour une fois les paroles françaises passent assez bien.

Les mélomanes ne sont tout de même pas aveugles et s'aperçoivent très vite que la scène est vide, seulement balayée par ce fameux rideau qui se plie et se déroule. Eboli criarde et vieille, Dupuy et Lagrange n'y suffisent plus : ce serait une soirée ratée dans un théâtre de province. Je comprends que toutes les stars du lyrique se soient fait porter pâles pour éviter de se compromettre dans un pareil machin.

7 novembre 1986
Pleyel
Térésa Berganza
Au piano, Juan Antonio Navarez Parejo
Purcell, Schumann, Espagnols

Le pianiste ressemble à un brochet; elle s'est roussie les cheveux, sein lourd et blanc moulé dans un gaufrage de faille noire pour Purcell et Schumann, puis rouge pour les espagnolades.

Dans quelques années peut-être, avec les rides, elle gagnera l'accent grave qu'il faut à Schumann. Son interprétation de *L'Amour et la vie d'une*

*femme* est néanmoins du grand art: geste, œil, rictus amer de la bouche, jusqu'au frémissement de la narine, parfaits! Et, à la fin, elle reste là, immobile, desséchée, minérale, comme une chauve-souris épinglée au piano.

Les gens croient nécessaire d'applaudir, de crier *Bravo*, *Brava*! de blesser le silence.

C'est qu'il faut se défendre contre l'exigence de la beauté! Rilke dit si bien cette « *curiosité pressée* », ces applaudissements qui distraient ce qui devrait nous contraindre à changer nos vies (*Les Cahiers de Malte…).* Que de caprice dans toute appréciation artistique!

Alors elle se redresse, esquisse un petit coup de tête pour saluer et s'en va en claquant le talon, dans le froissement de sa robe de faille, suivie par le poisson empesé, dont Martine Servot suggère qu'il est un personnage de Paul Morand.

Le public s'écoule dans l'escalier. Je reste à ma place, fasciné par un petit bouledogue verdurinesque déjà croisé ici et là. Le front barré d'une mèche de cheveux noirs, en costume tailleur gris, l'index piqué sur un gros monsieur, tel un moustique.

Térésa nous offre ensuite la musique où on la sent la plus heureuse chez elle : Turina, Mozart…

Les fleurs, ensachées et enrubannées, arrivent pour encombrer ses bras. Les gens, pressés de retrouver leurs pantoufles, se lèvent déjà – dont cette conne de D. qui m'écrase un pied sans s'excuser – je hais la bêtise, surtout si assurée d'être la crème du monde ! – La Divine, en bis, nous empaquette un Rossini avec une profusion de rubans et de nœuds exquis. Elle est parfaite dans cette boutique de bonheur. Puis encore Carmen, par irrépressible désir d'ovations… Dans l'entrebâillement de la porte de scène, j'aperçois Pépé le fiancé de l'idole, un verre à la main, qui l'attend, et sa fille aînée, qui lui ressemble tellement… Elle la portait dans son ventre la première fois que je la vis dans la cour de l'Hôtel de Ville d'Aix en Provence, il doit y avoir près de vingt ans et elle avait vingt ans.

30 janvier 1987
Garnier
*Elektra*
Richard Strauss/Hugo von Hofmannsthal
Dresde 1905
(Ozawa, Schneidman, Monloup; Christa Ludwig, Hildegarde Behrens, Jeanine Altmeyer, Dupouy, Bröchelle…)

Tout cela est tellement en deçà de la production Liebermann qu'on ne rêve plus qu'au Général de Gaulle !

À quoi bon vraiment produire des choses aussi hybrides, aussi molles, des décors aussi nuls, une

mise en scène qui ridiculise l'œuvre – on croirait *Carmen* ! Il y en a pour tous les goûts : une façade mi-église baroque mi-hôtel viennois, des murs en paillettes noires, des costumes débiles… Une fois de plus, je ferme les yeux sur la musique qui m'éclaire : on distingue chaque sentiment : *Elektra* ou le triomphe de l'humanité.

Sublime duo d'amour entre Hildegarde Behrens et Seiji Ozawa : il l'implore, elle répond ; elle chante avec tant de perfection qu'il relâche son regard, frôle son visage de sa main si fine, de loin, comme un salut imperceptible, reconnaissant, délivré.

13 avril 1987
Athénée
Mirella Fréni – accompagnée au piano par une dame style milanaise en villégiature à Forte dei Marmi : une femme chic !

Samedi dernier, de mon lit, j'ai aperçu de la lumière à la fenêtre de Mirella, je suis descendu acheter des roses rouges – seules fleurs conçues pour telles par ma voisine ! – les ai déposées à sa porte avec un coup de sonnette et dix minutes plus tard mon téléphone sonne : « Bien sour c'est vous qui êtes toujours si gentil dé mé déposer des fleurs... Jé souis si malheureuse qu'on né mé propose rien à Paris... Non, jé né pa bésoin dé ça et jé préfère refuser ploutôt qué dé venir dans des productions... étranges... Chaque fois que jé dois partir d'ici, de notre rou Saint Hyacinthe, jé pleure ! »

Là, ce soir, la robe n'est pas fameuse... ni suffisamment isolante des froidures de la scène. Elle nous prévient :

« Il y a oun courant d'air qué c'est pas possible !

— Ah oui, c'est vrai ! » approuvent les dadames près de moi,

« Fermez la porte ! » commande un monsieur à Rosette ; rires du public : ce que l'on appelle l'ambiance d'une salle ? Elle rit aussi, se dirige vers les portes du décor de théâtre servant de fond de scène, qu'elle ferme précautionneusement avec de petites grimaces minaudières de cuisinière américaine donnant une recette à la TV.

Cette femme m'a offert tant d'émotions si fortes que je puis bien la voir dans sa vérité, elle n'en est pas moins charmante.

Voix surpuissante, facile, généreuse, mais ne pouvant se soutenir que d'un orchestre. Elle vibre légèrement, pose sa main ronde sur sa blanche gorge et sourit à son cher public.

Drame noué des mots et des sensations du quotidien d'une prison avec toute la concentration de lyrisme qu'offre la vie lorsqu'elle n'appartient plus à personne : ses paysages, ses oiseaux, ses chemins qui s'éloignent, se rencontrent et qui, tous, mènent à la mort.

23 mars 1988
Favart
*De la maison des morts*
Léos Janàcëk
(Souvenirs de la maison des morts de Dostoievski
Brno 1930
(Burdekin, Schloendorf, Jennifer Bartlett)

J'y suis avec Bernard Leroy, dont la femme a dû rester à la maison pour garder leur bébé, et qui veut ensuite aller dîner à Pigalle. Je refuse durement et lui ordonne de rentrer au foyer. Ces bourgeois sont comme des chiens qui remuent la patte lorsqu'on leur gratte le ventre : aller à l'Opéra, cela veut dire obligatoirement souper !

11 juin 1988
Favart
*Thaïs* – Jules Massenet
(Foster, Joël, Monloup, Vincent ; Fondary, Liccioni/Ger, Dumont, Véronique Dietschy, Martine Mahé, Bernadette Antoine)

Un moment de l'histoire de l'humanité : Thaïs prie encore Vénus et Athanaël exalte le nouveau Dieu – au nom duquel il brise la statue de l'amour et hurle à la pauvre femme : « *Expie*, *expie* ! » car il l'aime et veut la « sauver » (Nous camouflons toujours nos faiblesses et nos manies en grands sentiments.)

Cette confusion des sentiments, ce mensonge si connu, si banal, rend le drame assez grinçant, « litigieux ». On s'inquiète, on se révolte : quel hypocrite cet Athanaël ! Ah ! Ces curés ! Encore un Tartuffe. Puis, on se dit que ce pauvre type est sincère, qu'il se trompe lui-même. Mais alors, n'est-ce que cela, la sincérité ?

Et cette pauvre Thaïs ! Les mimiques de pute qu'elle nous offre sont tellement outrancières qu'on la trouve insupportable. Karen Huffstodt est américaine. Ce pourrait être un jeu d'analyser les idées et les réflexes d'une chanteuse d'opéra américaine interprétant le rôle de Thaïs. Hollywood très présent : blondeurs-rousseurs, nichons, voiles, diadèmes, boucles en cascade, maquillage nacré, gestes lascifs, roulements d'yeux…

Le public n'est fait que de Thaïs : ce que les gens sont toquards ! Je me sens tout à fait isolé dans un monde où je fais figure de guignol à ceux qui me connaissent, et de néant aux autres. Envahissement de pensées négatives, à quoi bon… Et ces pauvres sourires ? Des illusions ! Même les gens que j'aimais deviennent banals jusqu'à la caricature. Les femmes me parlent de « gérer leur séparation ». Le langage de l'affairisme envahit les manières – les pensées. Je suis isolé. La solitude, je l'espère encore, procurera existence à mes travaux et à mes dons. Le drame de l'artiste raté est de rester à ruminer dans son coin : tout est refuge, l'ambition autant que la désillusion.

21 juin 1988
TMP
*Arabella*
Richard Strauss/Hugo von Hofmannsthal
Dresde 1933
Dir. Janowitz
Arabella : Beckmann

À l'écoute de la musique, au bord d'une rampe de velours, on se trouve le mieux à l'écoute de soi-même.

La chaleur de la salle m'endort. Je croupis sur le velours rouge, ruminant, ressassant… et me réconforte d'*Arabella* : on n'épuise jamais les bonnes raisons ni les complaisances. Charmante petite femme, genre servante, jupe noire et blouse blanche, ronde et courte, elle se rengorge sur ses lourdes mamelles qui tressaillent et d'où elle tire ses *contre-ut* dans de légers sursauts

qui agitent aussi ses rondeurs postérieures. Elle sourit à chaque note pareille à une poule qui vient de pondre.

Janowski, décidément, a une gueule de cuistre, il ne daigne même pas jeter un regard sur ces bonnes vaches à lait et pourtant, notre Arabella, dans ses plissés blancs, lui adresse ce qu'il faut de sourires serviles.

Potins d'entracte : après *Le Chapeau de paille d'Italie*, dîner chez A.F., pseudo ou néo baronne E., on mentionne *Le voyage d'hiver* que venait de chanter Hermann Prey à l'Athénée. « Qu'a-t-il donné d'autre ? » demande la critique musicale d'un grand quotidien.

Grande presse de monde pour cet événement magnifique. Extraordinaires enchaînements d'airs et de morceaux très variés, avec plein de surprises… Prouesses des interprètes… Acclamations méritées, fleurs, etc. Une grande soirée de musique. Je reste dans ce rêve ensuite en parcourant le *Grand Canal* sur le vaporetto n° 1. Redescendant vers San Zaccharia, à l'Accademia, j'aperçois la petite silhouette de Gasdia, en robe de toile, une cheville bandée, accompagnée d'une jeune femme portant les gerbes de fleurs, préoccupée du vaporetto vers la *Stazione* ou *Piazzale Roma*. Solitude des artistes, toujours. Cette image me bouleverse et je suis sûr de vouer à Gasdia une infinie tendresse le restant de mes jours.

Carte postale de Venise,
19 juillet 1988
La Fenice
*Zelmira*
Rossini (1822)
Scimone ; I Solisti Veneti, The Ambrosians Singers ;
Cecilia Gasdia, Bernarda Fink, Matteuzzi, Merritt, Garcia, etc.)

1, Le souffleur ouvre sa trappe et souffle la poussière.

2, Le premier violon, en jupe plissée et *sweat-shirt*, monte sur l'estrade du chef pour donner le *La*.

3, Le chef bondit, vu d'ici, il ressemble à Jack Lang.

4, Le rideau s'ouvre…

Carte postale en date du 29 décembre 1988
La Fenice
M. en sc. : Pavarotti
Dir. : Gabrielle Ferro

5, Fernando se frotte le nez.

Quelle jolie musique : ici et là, de petits fox-trot.

Du classique : tout ce que l'on finit par aimer.

Shirley Verret gonfle sa poitrine sous nos regards émus, afin d'extraire de difficiles notes que les aficionados attendent au tournant… C'est grisant : elle lance ses fines mains vers le public, comme deux boutons de rose, ses mamelles poudrées ont aspiré le plus précieux de cet air rose et doré, le regard devient céleste mais la note, tout là-haut, reste accrochée à une feuille du lustre et n'en descend plus.

Léger flottement, la dame un peu figée, avant que se déchaînent les *Bravi*… Ouf ! Pour tout le monde. Et la pitié s'ajoute au défoulement émotif : on n'en peut plus. Trépignements, cris, hourras sans fin. La déesse détend ses bras vers les adorateurs, déverse sur eux ses urnes de lait et, souriant enfin, pleure. C'est beau à mourir.

20 janvier 1989
TMP
*L'Incoronazione di Poppea*
Monteverdi (?)
Venise 1642
Schneider, Strosser, Cauchetier, Trottier ; Patricia Schuman, Martine Dupuy, Blochwitz, Stilwell, Jocelyne Taillon, Reinhart, Leontina Vaduva, etc.
The Scottish Chamber Orchestra

Un peu dommage que Taillon marche toujours comme si elle avait un sac à main au bras. Elle devrait jouer une nourrice lymphatique et traînante qui conviendrait si bien à ses rondeurs et à sa grosse bonne et belle voix.

Ce détail n'est rien. Tout est exceptionnellement juste : personnages, voix, jeux des acteurs, costumes, décors, éclairages, d'une rare élégance. Bien différent des monuments de vulgarité de l'Opéra.

Il faudrait mettre à plat tout ce que cette œuvre a de moderne. Moderne, qualificatif post-racinien ! – et non pas quelconque référence à l'« Art contemporain » ; d'ailleurs tous nos bons paroissiens ne savent que répéter : « Ce que les costumes sont laids ! » Moderne en cela que l'amoralité, l'expression de sentiments contradictoires, l'affirmation des passions, constituent la trame de l'œuvre. La modernité, c'est avant tout le culte de la dérision et le reniement de la foi.

On est très loin en effet des bondieuseries bien pensantes des œuvres du XIX^e^ siècle.

Sublime deuxième acte, si imploratif.

Autre élément de modernité : l'importance – ou même l'existence – accordée aux raisonnements des comparses comme la nourrice « *J'étais servante, je deviendrai matrone* ! »…

17 juin 1989
Champs Élysées
*Lucrèce Borgia*
Donizetti/Felice Romani d'après Victor Hugo
Milan 1833
Dir. : Bonynge
Dona Lucrezia : Sutherland
Gennaro : Krauss
Orsini : Martine Dupuy

Nous intitulerons cette page : *Adieux à Sutherland*, n'est-ce pas ?

Grande séance ! Le beau papy Richard (Bonynge) encore leste, saute sur l'estrade – veste d'habit bleu-violet à col de velours noir.

On peut penser que Martine Dupuy (Orsini) est la fille de Sutherland : même profil de sorcière – J'ai encore aperçu leur sœur (Madame Saint-Geour) dans la salle – Là-bas, entre deux portants dont l'un est une colonne aux cannelures dorées, je vois Granny Joan dans ses éternelles fanfreluches pistache, affalée sur un pliant, bras ballants sur les cuisses, buste affaissé. Elle ressemble à la reine Maria-Luisa, épouse de Charles IV, par Goya. Que de femmes ressemblent à ce chef-d'œuvre de portrait !

Émouvante image d'un envers de la gloire – ou du théâtre, tout simplement.

Les coulisses : apparition de l'humain sous le masque du héros.

Notre héroïne n'arrive pas masquée, et pourtant ! Son large visage plâtré sous une choucroute pâle sourit, elle écarte légèrement ses lourdes mains, les pendeloques de brillants se balancent à ses oreilles.

Vivats. C'est parti !

Nous sommes à Venise sur la terrasse des Grimani – ont-ils vraiment une terrasse ?....

Le disque vacille légèrement.

Duo avec Alfonso (M. Pertusi) elle devient une méduse de Gustave Moreau. On ne distingue pas vraiment si elle chante en italien ou dans un idiome anglo-saxon.

Puis le vieux ménage se reforme avec Alfredo (Gennaro-Krauss), parfaitement au bord de l'apoplexie, crête rousse, mollet tendu, œil injecté de haine pour cette rivale de gloire qui va lui voler des vivats.

J'imagine le trio classique : la femme, le mari bonasse et complaisant – Bonynge – l'amant insatiable – Alfredo ! Je l'imagine encore sous forme de la *Betsabée* de Rembrandt et m'en console en crayonnant un petit Second Violon au museau pointu.

Le public délire.

26 juin 1989
Athénée
Christa Ludwig
Schumann
Wolff...

Le Ruban Rouge de Christa ! Elle l'a bien mérité. Dernière séance solennelle.

On n'en sort pas des mamies ! Celle-ci, une vraie bonne pâtissière... Pourtant, je l'ai beaucoup aimée. Mais là, cela m'ennuie.

Tout ce qu'il faut pour une fin de théâtre, fin de partie, fin de saison.

On ne pouvait pas en rester là : il nous fallait larmes et discours. Un sexagénaire genre bridge et chasse en Sologne, débarque sur scène, quinze feuillets à la main qu'il entreprend de lire aux pieds de la loge d'avant-scène où trône Pierre Bergé. Il s'agit d'un dithyrambe à la gloire de ce nouveau héros

du monde lyrique. Je sais d'expérience qu'en présence de ce personnage si prépondérant de notre société, il ne peut être question d'autre chose que de tresser des louanges. Un homme à la réussite si éclatante montre toujours une personnalité multiforme : ici, à l'Athénée, il tient la caisse avant les récitals de « sa » saison, à Marrakech, un chapeau de paille sur la tête, il lui est un jour arrivé pour moi et un ami de s'improviser gardien et de faire visiter son Jardin Majorelle sans que les touristes présents le reconnaissent.

Ce soir, dans la salle, les gens reniflent, toussent, s'expriment un peu, le monsieur continue… fusent enfin quelques huées, Christa s'interpose… Des jeunes filles entrent en scène, le monsieur veut encore réciter son compliment. On finit par le pousser dehors et le Chœur conduit par Christa entame la *Sérénade* de Schubert. Survient alors M. Bergé soi-même. Nouveau discours (une main dans la poche) « Cher public, je vous dois davantage que vous ne me devez, etc. »

Il se tourne vers Christa, la complimente sobrement et lui annonce : « *De la part de M. le Président de la République,…, la Légion d'Honneur.* » Émotions diverses, applaudissements, étonnement, peut-être réel ? de Christa, larmes, remerciements à la France qui l'a acceptée.

Tout le monde est gentil et rentre chez soi.

7 octobre 1989
Champs Élysées
*Der Rosenkavalier*
Dir. : Georg Schmohe
M. en sc. : Martinoti
Décors : Schavernoch –
Mechthild Gessendorf, Günter Missenhardt, Suzanne Mentzer, Barbara Bonney, Riccardo Cassinelli, Jane Berbié, John Paul Bogart, Michel Lecocq

Chambre garnie en tissus Boussac, on ne pouvait faire pire. Marie-Té arrive d'un pas de commerçante dans sa boutique et tous les gestes s'enchaînent sur pareil ton de lourdeur, gauloiseries, y compris quelques obscénités : Octavian faisant mine de camoufler une érection dans un pan du drap de lit… Alors au merveilleux « *Wie du Warst* ! » – « Comme tu as été bien ! » – on n'a envie que de ricaner. Ça démarre mal. Martinotty confond mise en scène et clin d'œil au public : le ténor sort une calculette électronique, etc.

Le charmant « noir » est devenu un nain nègre maléfique car il faut tout « forcer ». Bon et juste Octavian – Suzanne Mentzer –, jolies lumières vacillantes sur les personnages aux moments d'émotion de la fin du premier acte.

Acte II

C'est de l'opéra économique : agrandissements photographiques sur les murs, miroir multiplicateur du décor et des personnages, meubles et domestiques de la Maréchale chez Faninal ? ! Eh bien ! Notre Marie-Té est si moche que, pour la première fois, tout au long de cet acte, elle ne manque à personne.

11 novembre 1989
MC 93 Bobigny
*Don Giovanni*
Mozart/Da Ponte
Prague 1787

Mozart-Sellars ainsi qu'annoncent les affiches !

Bon mouvement d'ensemble au début ; à la fin, un peu de ruines, un peu de neige – un petit nuage sur 1 $m^2$ de scène ! la dernière apparition de la Maréchale coupée… On s'en fout puisqu'on se moque d'elle. Elle s'est alors si éloignée de la Comtesse, tout embourgeoisée, elle se retire du jeu. On se trouve, sans espoir d'en sortir jamais, dans notre époque de pesanteur, voilà tout.

Je prends Pasolini pour un prophète, une espèce de saint que notre époque a sacrifié parce qu'il disait la vérité. Dans les *Cent vingt journées de Sodome*, il montre les hommes qui mangent de la merde.

Ce *Don Giovanni* prétend nous faire manger de la merde. Il est permis de refuser, quoique s'en exclament les nouveaux bien pensants, les « dans le coup » à tout prix.

Oui, oui… j'entrevois des intentions : il n'est pas que l'intention gratuite. Il peut s'agir aussi d'approfondir une nouvelle vision, afin de montrer que le chef-d'œuvre concerne aussi le public des lignes de métro qui mènent à

ce théâtre. Mais, à part moi, qui, ce soir, aura pris le métro vers *Bobigny-Pablo Picasso* ? Sur les trottoirs alentour, les Porsche chevauchaient les Mercedes. Leurs propriétaires seront satisfaits : on pense aux banlieues ! Qu'auront-elles à demander de plus ?

Les « Bobigniens », eux, regardaient la télé.

Quoiqu'il en soit de ces intentions, cet assaisonnement est tellement réducteur qu'il se trouve injustifiable.

Cet exercice de trahison est insupportable : *Don Giovanni* incarne un héros de l'humanité qui annonce *Le Crépuscule des dieux*. Ici, il apparaît en slip bleu lavette – chaussettes assorties – se pique, sniffe de la coke, se roule par terre… On ne peut pas ridiculiser ainsi une figure héroïque de l'humanité. Le sens le plus noble de l'œuvre est falsifié. Les péripéties du livret sont pareillement faussées : pourquoi donc Elvire n'irait-elle pas se vautrer avec Leporello plutôt qu'avec Don Giovanni ? Les œuvres de Mozart-Da

Ponte ne s'appliquent pas à une société sans classe. Et là encore que de bobards ne voudrait-on pas nous faire avaler.

Tout à fait dans l'attendrissant « goût du jour », c'est une petite fille rose – apparition aussi très moralisatrice – qui pousse Don Giovanni dans les ténèbres.

8 décembre 1989
Bobigny
*Les Noces* « Mozart-Sellars »,
pour conclure…

J'ai attendu – sans espérer – de venir assister à cette séance de *Noces*-gadget pour refermer ce cahier qui débute sur le souvenir émerveillé des *Noces* au Théâtre Gabriel de Versailles, le 7 avril 1973 (Solti, Strelher, Frigerio).

Depuis que je l'ai aperçu complimentant une sommité socialiste, administrateur de quelque chose à l'Opéra, je ne peux en vouloir à ce Peter Sellars. Je lui trouve même un physique « mozartien » ? On est loin bien sûr de la vision « charmante » interprétée dans le pays aixois par Gersende de Sabran mais assez près de la juste idée de Polanski : une espèce de bonhomme malicieux, avec de petites pattes sur lesquelles tombent les manches d'un veston trop long, moche, globuleux mais rieur : un pantin ! Et un pantin doit s'agiter beaucoup.

Ici, ces caricatures ennuient très vite. Plus de vérité néanmoins que dans *Don Giovanni*. À chaque apparition de personnages en costume « années 80 » à Frankfurt ou Düsseldorf (?) les gens se penchent sur leur voisin pour murmurer leur trouvaille : « Chérubin ! » – jeans déchirés-polo – ou « Bartholo et Marceline ! » – bourgeois de banlieue, etc.

Ainsi bénéficions-nous d'un « *Porgi*, *amor*… » chanté par Lady Diana, et de l'interprétation du « *Dove sono*… » par une petite femme nerveuse.

On peut se demander si l'amusement de jouer à reconnaître personnages et situations suffit à supporter une aussi mauvaise version musicale.

Et voilà : ce raccourci dans le temps ponctué par ces deux versions des *Noces* donne assez bien l'idée du vertigineux chemin parcouru et explique que désormais j'apprécie tellement de rester chez moi.

# Appendice
## *Les dernières leçons d'Elisabeth Schwarzkopf*

Du 9 au 12 juin 2006, Villa Schindler, chez Annemarie Fisch-Schindler à Telfs, près d'Innsbruck

(Annemarie est une amie de trente ans avec laquelle j'ai partagé de nombreux moments musicaux dont *Le Ring* à Bayreuth, en 1979. Descendante d'industriels établis au Tyrol depuis le XIXe siècle, elle a décidé d'ouvrir la villa de ses parents à de jeunes musiciens pour lesquels elle organise des « master-class » de haut niveau. Sir Yehudi Menuhin, jusqu'à sa mort, lui apporta son prestigieux concours comme Aldo Ciccolini ou Elisabeth Schwarzkopf.)

Comme j'allais pouvoir en juger durant ces quelques jours, ce n'est pas le Saint Sacrement qui vient répandre ses onctions Villa Schindler mais la véhémente prêtresse qui survit de son propre culte. La musique est son sang, son oxygène.

Elle s'extrait de sa petite voiture entourée de trois suivantes qui s'activent à présenter le déambulateur, la soutiennent, guident ses gestes, replacent les plis de la soutane de soie noire imprimée de vagues fleurs, vert et pourpre, flottant sur de larges pantalons noirs, puis entreprennent de l'aider à gravir les marches de la villa, enfin la débarrassent de ses lourdes savates de cuir et la chaussent de souliers vernis. De l'étage, j'entrouvre une fenêtre afin de photographier son émouvante silhouette mais les trois Nornes, auxquelles rien n'échappe, protestent et interdisent formellement : « Non, non, non ! Madame exige qu'on ne prenne aucune photographie ! Elle craint pardessus tout les flashs ! » Elle gravit l'escalier en murmurant et soupirant. Je retrouve parfaitement la belle architecture de son visage, ses cheveux aux mêmes frisottis, non plus blonds platine mais gris tout aussi platine, ses yeux d'aigue-marine au regard presque mort mais pourtant toujours expressif et observateur et qui, lorsqu'elle est satisfaite, s'illuminent intensément. On la place près du Steinway. Elle s'inquiète de ma présence à l'écart, derrière elle – je voulais dessiner son profil, toujours magnifique – et elle m'oblige à me placer de face, près d'Annemarie, d'où je la vois à contre-jour car elle ne supporte aucune lumière de face. Très souvent, elle m'observera en brefs coups d'œil interrogateurs : « Que fait-il donc, celui-ci, avec son carnet sur les genoux, qui ne chante pas ? » Lors d'une pause, j'irai la complimenter : « Vous serez mon pèlerinage Mozart ! » Je dois insister : « Cette année-anniversaire Mozart, je pensais me rendre à Salzbourg mais je suis bien plus touché de vous voir ainsi transmettre votre génie à ces jeunes talents qui vous vénèrent… » Elle approuve et digresse quelques secondes en allemand au sujet de Mozart et des anniversaires. Je lui baise la main. On me dira ensuite qu'elle est très fâchée contre les Français à cause d'un livre récemment paru d'André Tubeuf qui lui attribue des propos qu'elle juge de fantaisie. Les avocats se sont mis d'accord : l'ouvrage ne sera pas retiré comme elle le souhaitait mais ne pourra être traduit. Elle demande à se rapprocher du clavier et prend place dans un fauteuil d'où elle peut atteindre les touches alors que se succèdent accompagnateurs et jeunes chanteurs.

Elle est inouïe : pas une syllabe, pas une note ne lui échappe. Elle reprend chaque mot, vérifie parfois la partition, frappe la touche pour préciser le ton ; elle mime et donne le rythme en battant la mesure du pied. Ses mains caressent et ordonnent, index tendu – belle émeraude entourée de brillants à l'annulaire. Une lourde gourmette à son poignet émet un cliquetis métallique qui me donne à penser aux chaînes d'un pont-levis dans quelque féerie musicale. Afin de démontrer à l'élève la formation de la sonorité, elle se pince le nez, appuie sur ses tempes, écarte ses lèvres, prononce avec insistance les mots qui ne lui paraissent pas parfaitement chantés. Pour l'un d'entre eux, elle demandera qu'on fixe une bande de sparadrap le long de ses arcades sourcilières. Ce matin, elle est successivement la Comtesse, Valentin, Marguerite, Pamina, Rosine. Elle ânonne Schumann, Wolff, Schubert, Gounod, Mozart avec la mémoire intacte de chacun des airs. Parfois elle rit, elle rit comme la Comtesse, ou Suzanne, plutôt… Souvent, elle retrouve son propre passé au travers d'une belle expression de l'élève, et alors, elle sourit, comme si c'était elle l'interprète enfin satisfaite de son art. Ce qui m'épate le plus, c'est qu'elle interprète ainsi TOUS les rôles, masculins, féminins, dans toutes les langues.

Cela fait trente ans qu'elle se consacre à transmettre la flamme. Je pense qu'il n'existe pas au monde aujourd'hui meilleur professeur. Ce flambeau est sa survie. Après avoir vendu sa belle maison près de Zurich, elle vit désormais à Schruns, un village du Vorarlberg où elle venait autrefois faire des cures et où, depuis deux ans, elle s'est établie dans un petit appartement, seule. La plus jeune des Nornes, une grande jeune femme brune, l'y visite chaque matin. Elle ne se nourrit que de fromage, use ses vêtements les plus modestes et reste chaussée de lourdes spartiates aux épaisses semelles de gomme, ou de sabots. La plus âgée des trois femmes était la secrétaire de Walter Legge et resta la sienne à temps partiel.

Ce qui est à la fois beau et triste, comme toute vérité, c'est qu'on comprend tout de suite ceux de ces élèves qui ont quelques chances de faire carrière et ceux qui doivent chercher une autre voie. Quelques-uns connaîtront le succès dont ce Kresimir Strazanac, jeune Croate à la voix chaude et profonde qui interprète Wolff et que la grande prêtresse va adouber avec émotion. Ce beau jeune homme vient de remporter un concours de chant à Bayreuth dont la récompense est, justement, de suivre une série de cours auprès de Schwarzkopf lorsqu'elle voudra bien le recevoir. Celui-ci nous arrachera des larmes, à Annemarie et à moi. Très jeune encore, il possède la maîtrise vocale, l'intelligence de la diction et de l'expression, la force alliée à la tendresse indispensables pour Wolff. D'ici peu, nous le verrons s'approcher des sommets. C'est aussi le sentiment de la *Maestra* qui ne cache pas combien elle est bouleversée. Elle ouvre ses bras au jeune homme, lui ordonne d'approcher et l'embrasse avec quelques mots murmurés. Lorsque son visage s'illumine, comme en cet instant, j'y retrouve la joie et l'extase de la plénitude d'il y a trente ans, alors que je la contemplais du premier rang de ses récitals, s'approchant sous les bravos pour saluer le public.

Elle n'est pas toujours aussi satisfaite. La voici qui renvoie sans ménagement une jeune Américaine, étudiante à Innsbruck à laquelle elle assène qu'elles n'ont pas de temps à perdre, ni l'une, ni l'autre. Elle n'est guère aimable non plus avec une Géorgienne qu'Annemarie est allée récupérer à Tiflis la semaine dernière : la jeune femme ne parle pas allemand et Schwarzkopf refuse de comprendre ce qu'elle tente de lui expliquer en anglais – langue qu'Elisabeth maîtrise pourtant parfaitement. Le répertoire choisi ne semble pas au goût du professeur, la pianiste est lourde et ingrate.

Annemarie sent qu'il vaut mieux ne pas insister et appelle une autre de ses protégées, Marret Winger, qui étudie le chant à Vienne et qui a déjà suivi, ici même l'année passée, ces inestimables leçons. Ravissante, parfaite, une future Comtesse ! Tout aussi mozartienne et douée, Ute Ziemer. Les deux captivent leur professeur infatigable autant que le public déjà acquis à leur art.

Nul ne voit le temps passer et ne songe à une pause après quatre ou cinq heures de tension, d'attention, d'émotion. Les classes reprennent un peu plus tard et se prolongent dans la soirée. Le troisième jour, un récital de tous les élèves est organisé suivi d'une réception bon enfant. Le Professeur rentre alors se reposer enfin dans son village de montagne. La dernière après-midi, j'ai tenu à lui donner à dédicacer le carnet de notes et de croquis qui accompagne chacun de mes voyages et où j'ai essayé de saisir, sans y parvenir autant que je l'eusse souhaité, quelques-unes de ses attitudes. Le résultat est assez caricatural, des rubans marque-page maintiennent le carnet ouvert et empêchent de le feuilleter. La veille, Annemarie lui ayant montré un coffret de ses enregistrements qui vient de paraître, Schwarzkopf en a extrait le livret qu'elle a subtilisé, jugeant certaines photographies trop récentes. La camérière me promet de donner le carnet à signer au moment jugé le plus opportun, par exemple lorsque Elisabeth se repose dans la bibliothèque où elle interdit toute visite. J'attendais donc, palpitant comme tous les fétichistes au bord d'assouvir leur passion, me promenant dans les sentiers à flanc de cette montagne qui constitue le parc de *Villa Schindler*. Enfin parut la jeune femme, mon carnet à la main. Schwarzkopf avait tenu à l'examiner avant d'y apposer son sceau.

Je considérai que j'emportais une relique et me félicitai pour la postérité de ce que cette femme à la susceptibilité si vive ait finalement permis à Annemarie de filmer ces jours de leçons.

Elle mourut dans son sommeil la nuit du 3 août. Elle avait donc 90 ans. Annemarie, qui devait la visiter ces jours-là fut prévenue par la dame de confiance dès qu'elle découvrit le décès.

(Il n'entre pas dans ce témoignage d'égrener mes innombrables souvenirs sur cette cantatrice mythique qui servit la musique durant presque un siècle, non plus que de relater les misérables propos de quelques suppôts de la bonne conscience journalistique. Je pris tout de même ma plume afin de rectifier ceux du critique musical du journal *Le Monde*. Annemarie était très sincèrement appréciée par sa grande amie qu'elle voyait régulièrement et qui accepta toujours de participer gracieusement à son œuvre de découverte de jeunes talents. Une fois, elle évoqua avec elle la déclaration qu'elle se proposait de produire afin de faire taire les rumeurs dont elle avait eu écho concernant son inscription au Parti National Socialiste, en 1935 comme la plupart de ses jeunes compatriotes, puis encore de la cour que lui fit le Gauleiter de Pologne Hans Franck durant son séjour dans un sanatorium de ce pays, en 1941, année à laquelle elle fit entrer au répertoire de l'Opéra de Paris *La Chauve-Souris* du compositeur proscrit pas les Nazis Johann Strauss II. Finalement, elle ne prit pas la peine de donner suite à ces dérisoires calomnies, jugeant que les épisodes personnels de sa jeunesse ne pesaient pour rien dans la balance du service absolu de l'Art auquel elle consacra sa vie. En conclusion de cette parenthèse, je dois encore dire que c'est à Schwarzkopf que Bruno Walter demanda d'interpréter le final de la *Quatrième Symphonie* de Malher qu'il dirigea à Vienne en 1960, lors de son ultime retour en Europe.)

Der gute Wille ist
vorhanden ----

[illegible] ;

Elisabeth Legge-
Schwarzkopf

11.6.2006.

(Il y a de la bonne volonté !)

Ouvrage réalisé par Les 3TStudiO
Achevé d'imprimer en novembre 2019
par l'imprimerie Normandie Roto s.a.s.
pour le compte des
éditions Michel de Maule
à Paris

N° D'IMPRESSION : 1905265
DÉPÔT LÉGAL : NOVEMBRE 2019
IMPRIMÉ EN FRANCE